108일 명상문 읽기

- 인연, 또 다른 나와의 만남 -

108일 명상글 읽기

인연, 또 다른 나와의 만남

저자 종학 스님 · 사진 지현향

맑은샘

추천의 글 1

「108일 명상문 읽기」는
나의 도반 종학 스님의 수행 여정이 응축된
작고 단단한 선물 같은 책입니다.

저는 오랜 시간,
같은 하늘 아래서
같은 불법을 배우고,
때론 함께 침묵하고,
때론 멀리서 서로를 응원하며
한 길을 걸어온 벗으로서,
이 책을 손에 들며 깊은 울림을 느꼈습니다.

이 명상문들은
그저 생각을 풀어낸 글이 아닙니다.
수행자의 살아낸 삶이 녹아든 글이며,
매 순간 '나'와 '인연'의 실상을 들여다본 기록입니다.

특히 이 책은
수행이 거창한 교리나 문장으로 표현되지 않아도,

하루 한 줄의 자각,
한순간의 깨어있음 속에
얼마나 많은 자비와 지혜가 깃들 수 있는지를
조용히 일러줍니다.

수많은 관계 속에서 마음이 흔들리는 이들,
자신을 잃고 다시 찾고자 하는 이들,
그리고 매일의 삶을 수행으로 살아가고자 하는
모든 이에게
이 책은 좋은 벗이 되어줄 것입니다.

저 또한 108일 동안 이 책을 따라 걷는 동안
내 안의 또 다른 나,
잊고 있던 나를 마주하게 되었습니다.

부디 이 책이
당신에게도
깊은 숨을 돌리는 쉼이 되고,
마음을 내려놓는 자비의 시작이 되기를 기원합니다.

나무아미타불.

해복 합장

추천의 글 2

"찰나를 기다린 오랜 마음, 그 인연의 기록으로"

사진기를 처음 들었을 때, 저는 '보는 눈'보다 '기다리는 마음'을 먼저 배웠습니다.
꽃이 피는 순간, 이슬이 맺히는 찰나, 바람이 머물다 가는 자리에
그저 조용히 머물러 있으면
언젠가 저절로 다가오는 순간들이 있습니다.
그 찰나를 만나기 위해 저는 수많은 시간, 들판과 산, 절집과 골목을 걸었습니다.

『108일 명상문 읽기 - 인연, 또 다른 나와의 만남』은
그 기다림의 시간들이 마침내 만난 또 하나의 인연입니다.
명상문 한 편 한 편을 읽으며
저는 사진을 찍던 그 자리의 고요함, 숨결,
그리고 그 순간들이 지닌 깊은 의미를 다시 떠올리게 되었습니다.

이 책의 명상문들은 단순한 글이 아닙니다.
그것은 내면의 조용한 울림이고,
지나간 사람들과의 화해이며,

아직 오지 않은 인연들을 맞이하는 준비입니다.
그 글들 사이에 놓인 제 사진들이
잠시 멈춰 서서 숨을 고르게 하는 여백이 되기를 바랍니다.

불자의 마음으로,
한 사람의 수행자로서,
그리고 인연을 기록해온 사진가로서
이 책이 많은 이들에게 조용한 등불처럼 머물기를 발원합니다.
읽는 이의 마음마다
연꽃 한 송이 피어나기를 간절히 바랍니다.

대한인연법 연구학회 고문
지현향(이현숙) 합장

서문

"인연은 나를 깨우는 또 하나의 길입니다"

이 책은 매일 한 편, 108일 동안의 인연 수행기입니다.
삶 속에서 부딪히고, 미워하고, 그리워하고, 놓치고, 애틋 해했던
수많은 인연들 속에서
'또 다른 나'를 마주한 이야기이기도 합니다.

우리는 인연을 통해 삽니다.
그러나 때로는 그 인연에 휘둘리고,
때로는 그 인연을 원망하며
자신을 잃기도 합니다.

수행자는 그 모든 인연을 거울로 삼습니다.
누군가를 미워할 때, 내 안의 아픔을 돌아보고,
누군가를 부러워할 때, 내 안의 욕망을 비춥니다.
사람과의 관계뿐만 아니라
감정, 생각, 상황, 사물까지도
우리 삶은 '또 다른 나와의 만남'으로 가득 차 있습니다.

이 책은
부처님의 연기法(연기법)을 일상의 눈높이로 되새긴
한 수행자의 말 없는 기도이자 마음의 독백입니다.

명상문은 길지 않습니다.
하지만 그 짧은 글 안에는
참회가 있고, 배움이 있고, 따뜻한 동행이 담겨 있습니다.

부디 이 책을 통해
당신 또한 당신 자신과의 깊은 인연을 맺을 수 있기를 바랍니다.
무엇보다도
살아 있다는 것이 곧 수행이며,
만나는 모든 것이 우리의 길이라는 사실을 기억해주시길 바랍니다.

이 108일의 기록이
당신의 수행 길에 조용한 바람처럼 스며들기를 바랍니다.

을사년 늦가을에 반야토굴에서 종학 씀

목차

- 🍃 추천의 글 1 ··· 004
- 🍃 추천의 글 2 ··· 006
- 🍃 서문 ·· 008

|1부| 인연의 시작과 만남

| 명상 1 | 🪷 인연은 거울처럼 나를 비춥니다 ············· 019
| 명상 2 | 🪷 말 한마디가 인연을 짓습니다 ·············· 021
| 명상 3 | 🪷 나를 깨우기 위한 거울 ······················ 023
| 명상 4 | 🪷 나를 바라보는 눈 ···························· 025
| 명상 5 | 🪷 지나간 인연이 다시 찾아올 때 ············· 027
| 명상 6 | 🪷 당김의 법칙 ··································· 029
| 명상 7 | 🪷 때가 오면, 만남은 피어나리 ··············· 031
| 명상 8 | 🪷 상처로 남은 인연도, 나를 키운다 ········· 033
| 명상 9 | 🪷 말 없는 인연도 있다 ························ 035
| 명상 10 | 🪷 흔적 없는 발자국처럼 다가온 인연 ······ 037
| 명상 11 | 🪷 인연은 나를 어디로 데려가는가 ·········· 040
| 명상 12 | 🪷 시간의 나를 마주하다 ······················ 042

명상 13	거울 속의 나	044
명상 14	우연한 듯 다가온 필연	046
명상 15	작은 일에 머무르기, 순간 안에 깨어있기	048
명상 16	거울처럼, 인연처럼	052
명상 17	흔들리지 않는 자리에 서기	054
명상 18	따뜻함이 이끄는 수행자의 길	058
명상 19	말없이 머무는 진실의 힘	062
명상 20	서두르지 않는 길	066

|2부| 모든 게 인연이다

명상 21	업인연, 과거로부터의 부름	071
명상 22	관계의 거울, 나를 비추는 너	074
명상 23	인연의 법칙	077
명상 24	내면의 인연 1단계: 나와 마주 서기	079
명상 25	내면의 인연 2단계: 감정 받아들이기	081
명상 26	지나간 인연이 남긴 것	084
명상 27	용서의 인연, 나를 풀어주는 길	086
명상 28	기다림의 인연, 꽃 피는 시간	088
명상 29	부모로 만나지는 인연, 하늘에서 빌어 온 이름	090
명상 30	자식으로 태어나는 인연, 거울처럼 마주한 나	092
명상 31	형제 인연	094
명상 32	부부 인연	096
명상 33	떠오르는 해와의 인연	098

명상 34	해지는 저녁노을과의 인연	100
명상 35	바람과의 인연	102
명상 36	구름과의 인연	104
명상 37	꽃과의 인연	107
명상 38	이슬과의 인연	109
명상 39	하늘과의 인연	111
명상 40	산과의 인연	113
명상 41	바다와의 인연	115
명상 42	파도와의 인연	117
명상 43	섬과의 인연	119
명상 44	언덕과의 인연	121
명상 45	낮과의 인연	123
명상 46	밤과의 인연	125
명상 47	별과의 인연	127

|3부| 삶의 상징 속 인연

명상 48	별이 말을 걸어올 때	131
명상 49	낙엽이 속삭인 이야기	133
명상 50	구름의 이름 없는 길	135
명상 51	거울 앞의 나, 거울 속의 너	137
명상 52	빈자리에서 피어나는 연꽃	140
명상 53	스며드는 향기처럼	142
명상 54	그늘이 되어준 사람	144

명상 55	물결은 멈추지 않는다	146
명상 56	거울이라는 인연	148
명상 57	그늘	150
명상 58	길 위의 인연	153
명상 59	이름을 부른다는 것	155
명상 60	보이지 않아도 머무는 사람	157
명상 61	낯선 만남이 삶의 방향을 바꿀 때	159
명상 62	익숙함 속에 잊혀진 마음	161
명상 63	이미 쏘아진 인연의 화살	163

|4부| 불교적 깨달음의 인연

명상 64	머무는 것은 없었다	167
명상 65	고통은 삶의 맨살이었다	169
명상 66	나라고 여긴 것은 없었다	171
명상 67	마침내 고요해졌다	173
명상 68	보시 布施	176
명상 69	지계 持戒	178
명상 70	인욕 忍辱	180
명상 71	정진 精進	182
명상 72	선정 禪定	185
명상 73	지혜 智慧	188
명상 74	정견 正見	190
명상 75	정사유 正思惟	192

명상 76	정어 正語	194
명상 77	정업 正業	196
명상 78	정명 正命	198
명상 79	정정진 正精進	200
명상 80	정념 正念	203
명상 81	정정 正定	205

|5부| 깨달음과 불보살의 만남

명상 82	무명 無明	209
명상 83	행 行	211
명상 84	식 識	213
명상 85	명색 名色	216
명상 86	육입 六入	221
명상 87	촉 觸	225
명상 88	수 受	229
명상 89	애 愛	233
명상 90	취 取	237
명상 91	유 有	241
명상 92	생 生	245
명상 93	노사 老死	249
명상 94	관세음보살	252
명상 95	보현보살	256
명상 96	지장보살	259

명상 97	약사여래불	262
명상 98	아미타불	266
명상 99	반야의 지혜	273
명상 100	화엄경의 길	277
명상 101	금강경의 길	282
명상 102	법화경의 길	286
명상 103	열반경의 길	290

|6부| 회향과 마무리

명상 104	마음 알아차림	295
명상 105	멈춤의 지혜	298
명상 106	지켜보는 나	301
명상 107	거울처럼 비추는 삶	304
명상 108	그냥 있는 그대로 보기	308
명상	마음 놓기, 결국 다 놓고 가는 길	312
명상	계절이 건네는 말들	316
명상	더 큰 나로 가는 길	324
명상	중도의 길, 끌어안고 살아가는 길	326

마무리 글 ······ 329

1부
인연의 시작과 만남

명상 1
인연은 거울처럼 나를 비춥니다

우리는 매일
다른 사람을 통해
또 다른 '나'를 만납니다.

그 사람이 나를 불편하게 한다면
그 불편함 속엔
내 안의 집착이 있고,
그 사람이 나를 따뜻하게 해준다면
그 따뜻함 속엔
내가 가진 선한 씨앗이 있습니다.

인연은 우연이 아닙니다.
모두 내가 지어온 마음의 결과입니다.
내가 지은 만큼 만나고,
내가 가꾼 만큼 머물며,
내가 놓는 만큼 다시 흐릅니다.

그러니
인연을 미워하지 마십시오.
그 또한 내가 짓고 있는 '나'의 일부이니까요.
오늘 만나는 모든 인연은
내가 나를 더 깊이 알아가기 위한
거룩한 수행의 장입니다.

지금 이 순간,
당신 곁에 있는 그 사람 안에서
또 다른 나를 알아차려 보십시오.

오늘의 명상 구절

"인연이 나를 바꾸고,
내가 바뀌면 세상도 바뀝니다."

명상 2
말 한마디가 인연을 짓습니다

말은 마음에서 나와
인연을 만들고,
그 인연은 다시 내 삶의 길을 바꿉니다.

따뜻한 한마디는
얼어붙은 관계를 녹이고,
무심한 한 마디는
가까웠던 사이도 멀어지게 합니다.

인연을 맺는 말,
인연을 잃는 말.
그 갈림길에 서 있는 것이
바로 지금 내가 하는 한 마디입니다.

부드러운 말에는 향기가 있고,
진심이 담긴 말에는 빛이 있습니다.
그 말은 오늘의 인연을
내일의 복으로 이어줍니다.

오늘,
당신의 말이 누군가에게
위로이자 기도가 되길 바랍니다.

오늘의 명상 구절

"말 한마디로 꽃이 피고,
말 한마디로 길이 열립니다."

명상 3
나를 깨우기 위한 거울

아름다웠던 인연도,
가슴 아팠던 인연도,
결국은 나를 깨우기 위한 거울이었다.

누군가는 나의 연약함을 비춰주었고,
또 누군가는 내가 품은 따뜻함을 꺼내주었다.

그 모든 만남은 내 안의 또 다른 나와의 조우였다.
그 속에서 나는 때로 웃고, 때로 울며,
조금씩 더 깊어지고 있었다.

인연은 우연처럼 오지만,
결코 우연이 아닌 필연의 교차로에서
나를 기다리고 있던 존재다.

이제는 말없이 떠난 이에게도
고개 숙여 감사하며,
나를 아프게 한 인연에게도

마음속으로 평안을 기원한다.

왜냐하면,
그들 또한 내 삶의 큰 스승이었기에.

오늘의 명상 구절

"인연은 또 다른 나의 그림자,
그들을 통해 나는 나를 다시 배운다."

명상 4
나를 바라보는 눈

조용히 눈을 감습니다.
세상의 소음이 파도처럼 물러나고,
가장 가까운 소리,
내 숨결이 다가옵니다.

숨이 들어오고 나갈 때마다
마음의 먼지가 가라앉고,
가려졌던 내 안의 빛이
조용히 드러납니다.

나는 나에게 가장 먼 사람 같았지만
이제, 다시 만납니다.
상처 입었던 나,
흔들리던 나,
그 모든 나를 끌어안으며
말합니다.
"괜찮아, 잘 견뎌왔어."

이 순간의 고요 속에,
나는 다시 나와 하나가 됩니다.
세상에 나아가기 전,
잠시 멈추어
나를 바라보는 시간입니다.

오늘의 명상 구절

"나를 사랑하는 법은,
다시 나를 바라보는 데서 시작된다."

명상 5
지나간 인연이 다시 찾아올 때

그것은
높은 산에 올라 야~호,
소리를 낼 때 되돌아오는 메아리 소리와 같은 것입니다.
내 마음속 진동과 저 너머 누군가의 파동이
부딪혀 울릴 때,
인연은 다시 문을 두드립니다.

만남이란 언제나 우연을 가장합니다.
그러나 그 속을 들여다보면
모두가 너무나 정교한
필연의 어울림입니다.

그때 놓쳤던 손길이 다시 다가오고,
한 줄기 눈빛으로 스쳐 간 인연이
이번엔 머물러 말을 건넵니다.
그 모든 만남은
내 안의 진실이 자석처럼 끌어당긴 결과입니다.

때로는 고통스러운 인연조차도
이끌림 속에 나타납니다.
그것은 상처를 치유하기 위한
깊은 영혼의 요청이기 때문입니다.

지금 이 순간 내 곁에 있는 그 사람이
또 다른 나의 거울이라면,
그의 말 속에서 나의 생각을 점검하고,
그의 침묵 속에서 나의 마음을 읽을 수 있습니다.

인연은 늘 그렇게
자신을 깨닫게 하기 위해
다른 사람의 얼굴을 하고 나타납니다.

오늘의 명상 구절

"모든 만남은 내 파동에 응답한
운명의 어울림이다."

명상 6
당김의 법칙

당신 앞에 나타난 그 사람은
처음 보는 얼굴일 수 있지만
당신의 내면은 이미 오래전부터
그를 기다리고 있었습니다.

그 만남이 설사
당황스럽거나 이해되지 않아도
공명의 법칙은 속이지 않습니다.
당신 안의 진실이,
그 사람 안의 어떤 울림을
정확히 호출한 것입니다.

그것은 마음의 주파수가 맞닿을 때
세상은 가장 자연스러운 방식으로
두 존재를 한자리로 불러냅니다.
그것이 바로,
우연처럼 보이지만 필연적인 인연의 방식입니다.

때로는 아주 짧은 만남이
평생의 방향을 바꾸고,
한마디 말이
묵은 상처를 씻어냅니다.

인연은 많고도 드물고,
가깝고도 머나먼 법.
그러나 지금 이 순간
눈앞에 있는 그 사람은
당신의 삶에 꼭 필요한 메아리입니다.

외면하지 마세요.
그는 당신의 일부이고,
당신 또한 그의 거울입니다.

오늘의 명상 구절

"인연은 만나는 것이 아니라,
서로를 불러낸 것이다."

명상 7
때가 오면, 만남은 피어나리

꽃은 바람을 따라 피지 않고,
그 뿌리 아래 숨은 온기와 물기,
때를 품은 햇살 속에서
조용히 피어나는 것처럼,

인연 또한
억지로 끌어당길 수 없는 일.
붙잡으려 애쓸수록
멀어지고, 흩어진다.

그러나
때가 되면,
흔적도 없던 길목에서
내 마음의 울림을 닮은 누군가가
자연스레 다가온다.

그 만남은 설명할 수 없다.
이해보다 먼저 가슴이 먼저 반응하고,

말보다 먼저 마음이 기울어진다.

우리가 준비되었기에,
우리가 익어 있었기에,
그리하여
인연은 '또 다른 나'로,
마침내 삶의 거울로 서는 것이다.

오늘의 명상 구절

"인연은 때가 되면 스스로 문을 연다.
기다림 또한 깊은 수행이다."

명상 8
상처로 남은 인연도, 나를 키운다

때로는
가장 깊이 마음을 열었던 이에게서
가장 깊은 상처를 받는다.

믿었던 말 한마디,
기대했던 눈빛 하나가
칼날처럼 스며들어
가슴에 흔적을 남긴다.

그러나 시간이 흐른 뒤,
그 흔적을 다시 들여다보면
그 아픔 속에도 배움이 있고,
그 상처 속에도 내가 있다.

인연은 늘 따뜻하진 않다.
때로는 등을 돌리고 떠나는 이도,
아물지 않는 말을 남긴 이도
내 안의 그림자를 비춰주는 또 다른 나.

고통이 스승이 되듯,
상처도 나를 키운다.
그 인연조차도
결코 헛되이 지나간 것은 아니다.

오늘의 명상 구절

"상처로 남은 인연도 나를 가르친다.
 인연에는 다만 감사만이 남는다."

명상 9
말 없는 인연도 있다

어떤 인연은
말 한마디 없이 스쳐 가지만
그 조용한 스침 속에
깊은 울림이 남는다.

긴 대화도, 특별한 사건도 없이
눈빛 한 번,
미소 한 번이
오래도록 가슴에 머문다.

우리는 종종
말 많은 인연을 택하지만,
삶을 바꾸는 것은
말 없는 인연일 때가 많다.

그저 곁에 있어 준 사람,
묵묵히 등을 토닥여준 사람,
아무 말 없이 함께 울어준 사람 —

그들이 남긴 침묵은
언어보다 더 큰 위로였고
더 넓은 자비였다.

오늘의 명상 구절

"인연은 소리보다 깊은 침묵으로 남는다.
그 침묵 안에서 우리는 서로를 알아본다."

명상 10
흔적 없는 발자국처럼 다가온 인연

그 사람은

처음엔 아무 말도 없이 내 곁에 다가왔습니다.

마치 오래전부터 알고 있던 것처럼,

익숙한 공기처럼,

말하지 않아도 전해지는 온기를 품고 있었습니다.

우리는 서로를 향해

천천히 마음의 문을 열었고,

서로의 기억 속 어딘가에

이미 존재했던 듯한 장면들을 발견했습니다.

어쩌면,

그 인연은 과거 생의 미소였고,

내가 놓쳐버린 어제의 한숨이었으며,

다시 찾아온 오늘의 약속이었는지도 모릅니다.

시간은 아무것도 설명하지 않았지만,

마음은 이미 알고 있었습니다.

이 만남이 우연을 가장한
너무나 정교한 필연이라는 것을.

그 인연은
나를 다시 걷게 했고,
멈췄던 내 안의 노래를
다시 흥얼거리게 했으며,
잠든 내 안의 나를
조용히 깨우는 울림이 되었습니다.

그 울림은 말이 아니었고,
눈빛도 아니었고,
단지 존재로 전해지는 침묵의 진동이었습니다.

나는 이제 압니다.
인연은 설명이 아니라
경험이라는 것을.

오늘의 명상 구절

"인연은 소리 없이 다가오고,
내 안의 고요를 흔들며 또 다른 나를 깨웁니다."

명상 11
인연은 나를 어디로 데려가는가

그대와의 만남 이후
내 삶은 조용히 방향을 틀기 시작했습니다.
크게 흔들림 없이
물속의 조류처럼, 바람의 흐름처럼
조용히, 그러나 분명하게.

내가 보지 못했던 풍경이
그대의 눈을 통해 내게 보이고,
내가 듣지 못했던 소리가
그대의 마음을 통해 내게 들려옵니다.

인연이란,
서로를 바꾸려 들지 않으면서도
서로를 변화시킬 수 있는
가장 조용한 힘입니다.

그 인연은 내 안의
잠자던 질문을 깨웠고,

내가 누구인지,
어디로 가야 하는지 묻기 시작했습니다.
그 물음은 고요했지만
한 번 들려오고 나면
다시는 이전으로 돌아갈 수 없게 만들었습니다.

그래서 나는 오늘도 생각합니다.
그대는 나를 어디로 데려가려 하는가.
그리고 나는
그 길 끝에서 어떤 내가 되어 있을 것인가.

오늘의 명상 구절

"인연은 나를 데려가고,
나는 그 속에서 다시 나를 만나며,
조금씩 새로워집니다."

명상 12
시간의 나를 마주하다

우리는 사람과의 인연만을
인연이라 부르지 않습니다.
사실 가장 깊고 오래된 인연은
바로 **'시간 속의 나'**입니다.

지나간 나를 탓하지 마세요.
그 또한 배움의 선생이었습니다.
지금의 내가 이렇게 존재할 수 있게 해준
소중한 인연입니다.
지금의 나를 놓치지 마세요.
이 순간을 살아내는 내가 바로
인연의 중심이며,
또 다른 나와의 연결점입니다.

다가올 나를 두려워하지 마세요.
아직 오지 않은 시간도
이미 나의 일부이며,
삶이 스스로를 완성해 가는

또 다른 이름일 뿐입니다.

과거, 현재, 미래의 나
그 모두가
지금 이 자리에 함께 앉아 있습니다.
서로에게
미안했고, 고마웠고,
사랑한다고 말해 주세요.

당신이 당신과 다시 만나게 되는 순간,
그 인연이 곧 자비이고
그 마주침이 곧 깨달음입니다.

오늘의 명상 구절

"지나간 나도,
다가올 나도,
지금 이 순간 나의 벗이다."

명상 13
거울 속의 나

우리는 종종
다른 사람에게서 나를 봅니다.
기쁨을 줄 때의 나,
상처를 주었을 때의 나,
용서받지 못한 채 떠난 나.

그 모든 모습은
거울 속에서 나를 바라보듯
또렷하고, 때로는 아프고,
그러나 진실합니다.

거울은 말을 하지 않지만
항상 나를 비춥니다.
그 거울은 바로 '인연'입니다.
사람이라는 이름으로 다가온 인연 속에
나는 나를 다시 만나고
다시 용서하고, 다시 일어섭니다.

나를 비춰준 그 사람,

그 인연에게

고개 숙여 말합니다.

"당신이 있어서, 내가 나를 알 수 있었습니다."

오늘의 명상 구절

"타인을 보는 눈은 곧 내 마음을 비추는 거울이다."

명상 14
우연한 듯 다가온 필연

우연히 마주쳤다고 생각했던 인연이
나를 바꾸고
나를 이끌고
나를 일으켜 세웠습니다.

길을 걷다가 스친 사람,
말 한 마디 건넨 낯선 이,
오래된 편지처럼 다가온 친구.
그 모든 만남이
이미 오래전부터 약속된 필연이었다는 것을
이제야 압니다.

인연은 그렇게
내가 깨어있을 때 찾아오는 것이 아니라
때로는 내가 가장 어두울 때
가장 필요한 사람의 손길로 찾아옵니다.

그 우연 속의 필연을 깨닫는 순간,
삶은 축복이 됩니다.

오늘의 명상 구절

"우연은 인연의 가면을 쓰고 찾아온다."

명상 15
작은 일에 머무르기, 순간 안에 깨어있기

차 한 잔을 마시는 순간,
그 온기 속에
마음을 쉬게 하는 나.

길을 걷다 만난 햇살 한 줌에
눈을 감고 미소 짓는 나.

그것이 바로
'순간에 머무는 나'입니다.

우리는 늘
무언가를 향해 나아가고,
계획을 세우고,
다음 일에 마음을 빼앗깁니다.

그러다 보면
지금 이 순간은
그저 지나가는 다리처럼
잊히고 맙니다.

...

하지만 수행자는 압니다.
진짜 삶은
'지금 여기'에 있다는 것을.

생각은 과거와 미래를 헤매지만,
몸은 항상 지금 이 순간에 있습니다.
몸을 따라 마음을 놓을 때,
그 순간이
바로 깨달음의 문이 됩니다.

숨을 들이쉬고,
내쉬는 일상 속에서
고요히 깨어있는 마음.

작은 일에 감사하고
아무 일 없어도
풍요로움을 느낄 수 있는 마음.

그런 마음이
진정한 수행의 시작이며,
가장 깊은 자비의 뿌리입니다.

…

멈추고 바라보세요.
작은 꽃 한 송이,
바람 한 줄기 속에도
부처님의 미소는 깃들어 있습니다.

오늘의 명상 구절

"삶은 순간순간의 선물이다.
그 안에 깨어있을 때
모든 인연이 법문이 된다."

명상 16
거울처럼, 인연처럼

사람은 사람을 통해 자신을 봅니다.
타인의 말과 표정,
그의 기쁨과 분노,
그의 침묵 속에 비친 나의 모습.
그것이 바로 인연의 거울입니다.

내가 웃으면 그도 웃고,
내가 닫히면 그도 멀어지고,
내가 진심을 꺼내면
그도 조심스레 마음을 열기 시작합니다.

우리는 언제나
거울을 보듯 인연을 마주하며,
그 거울에 비친 내 모습을
조금씩 닦고 다듬으며
참 나를 알아갑니다.

인연은 나 아닌 누군가가 아니라,

또 다른 나의 모습입니다.

그를 미워한다는 것은

내 안의 어두움을 외면하는 일이고,

그를 사랑한다는 것은

내 안의 자비를 꺼내는 일입니다.

오늘의 명상 구절

"인연은 나를 비추는 거울이다."

명상 17
흔들리지 않는 자리에 서기

소리가 들려도
곧장 반응하지 않고,
그 소리 너머의 공간을 느끼는 나.

생각이 일어나도
곧장 따라가지 않고,
그 생각의 뿌리를 바라보는 나.

그것이 바로
'머무는 나'입니다.

…

세상은 쉼 없이 움직입니다.
눈앞의 장면이 바뀌고,
감정도 파도처럼 오고 갑니다.
마음도 덩달아 흔들립니다.

하지만
수행자는 흐름 속에서
'머무름'을 선택합니다.

서두르지 않고,
도망치지 않고,
바로 이 자리에서
자신을 지켜보는 힘.

그것이
진정한 수행의 시작입니다.

...

머무는 것은
멈춰있는 것이 아닙니다.
움직임 속에서도
흔들리지 않는 자리를 지키는 일입니다.

그 자리는
바로 '지금 여기'입니다.
과거도 미래도 아닌
호흡이 오가는 이 순간,
삶이 깃든 자리에

나를 두는 것.

...

고요히 머무는 순간,
생각은 멀어지고
있는 그대로의 세상이
선명히 드러납니다.

머무는 자리에
마음이 안식하고
그 안에서
지혜가 싹트고
자비가 흘러나옵니다.

...

흔들리는 세상 속에서
흔들리지 않는 자리에 서세요.
그곳이 바로
진실과 마주하는
깨달음의 자리입니다.

오늘의 명상 구절

"바람은 불어도
하늘은 흔들리지 않는다.
머무는 자리에 서면
모든 인연이
지혜의 문이 된다."

1부 • 인연의 시작과 만남

명상 18
따뜻함이 이끄는 수행자의 길

누군가 지쳐 있을 때
굳이 말하지 않아도
따뜻한 눈빛 하나로 건네는 마음.

내 마음이 어두워질 때
그 어둠을 미워하지 않고
살며시 품어 안는 마음.
그것이 바로
'온기의 나'입니다.

수행은
어렵고 차가운 일이 아닙니다.
삶을 더 따뜻하게 바라보는
눈을 갖는 것입니다.

말 한마디에도,
차 한 잔에도,
눈길 하나에도
자비가 스며들 수 있다면
그것이 수행입니다.

…

온기는
가장 부드럽고도
가장 강한 수행입니다.

상대의 아픔에
함께 아파할 줄 아는 마음,
누군가의 기쁨에
함께 미소 지을 수 있는 마음.

그 마음은
자기중심을 넘어

타인을 향해 열린
연민의 문입니다.

...

가르치려 하지 않고,
설득하려 들지 않고,
그저 따뜻하게 머무는 것.
그것만으로도
인연은 치유되고
마음은 녹아내립니다.

온기는 언어가 아니지만
가장 깊은 대화가 됩니다.

...

당신 안의 따뜻함을
소중히 여기세요.
그 온기는
당신이 이 세상을
밝히는 등불이 됩니다.

오늘의 명상 구절

"따뜻한 마음은
어떤 가르침보다 깊다.
그 온기가 닿는 곳마다
인연은 피어난다."

명상 19
말 없이 머무는 진실의 힘

누군가 소리를 높일 때
같이 소리치지 않고,
그 고요함으로 대답하는 나.

억울한 상황 앞에서도
분노로 맞서기보다
고요 속에서 진실을 품는 나.

그것이 바로
'고요한 저항의 나'입니다.

...

우리는 종종
정의는 목소리를 높여야 한다고 믿습니다.
하지만 수행자는 압니다.

말 없는 저항,
움직이지 않는 고요함이
가장 강한 힘이 될 수 있음을.

그 고요함은
도망이 아니라
깨어있는 머무름이며,

그 침묵은
두려움이 아니라
진실을 지키는 자비입니다.

…

고요한 저항은
상처 주지 않고
진실을 밝히는 길입니다.

폭력에는 침묵으로,
비난에는 자비로,
어둠에는 등불로 응답하는 것.
그것은 말보다 깊고,
행동보다 묵직한
존재의 응답입니다.

…

수행자는
세상의 거친 흐름에 휩쓸리지 않고
제 자리를 지키며
온몸으로 말합니다.

"나는 흔들리지 않겠다."
"나는 자비를 놓지 않겠다."
"나는 이 자리를
끝까지 지켜보겠다."

그 고요함은
세상의 아픔을 껴안고도
미움으로 물들지 않는
깨달음의 용기입니다.

오늘의 명상 구절

"고요함은 침묵이 아니다.
말 없이도
진실을 지키는
가장 깊은 저항이다."

명상 20
서두르지 않는 길

사람들이 앞서갈 때
나도 모르게 조급해질 때,
그 발걸음을 멈추고
숨을 깊이 들이쉬는 나.

무언가 빨리 이루고 싶을 때
무리하지 않고
지금 이 자리를 충분히 살아내는 나.

그것이 바로
'느림의 나'입니다.

...

세상은 말합니다.
더 빨리, 더 많이, 더 앞서라고.
하지만 마음공부의 길은
그와 반대입니다.

서두르지 않는 것.
비교하지 않는 것.
지금 이 순간을
정성껏 살아가는 것.

그 느림 속에
진짜 삶이 있습니다.

…

느리게 걷다 보면
놓치고 지나쳤던 풍경이 보이고,
조용히 머무르면
들리지 않던 마음의 소리가 들립니다.

느림은 단순한 속도가 아니라
깨어있는 태도입니다.

…

수행자는
남보다 늦더라도
자신의 걸음을 믿습니다.
꽃이 피는 때가 다르듯,
각자의 삶에도 고유한 리듬이 있습니다.

그 리듬을 존중하며
한 걸음씩 걷는 것,
그것이 수행자의 품격입니다.

…

조급함을 내려놓으세요.
느림의 걸음 속에
가장 깊은 자비와 평화가 머물고 있습니다.

오늘의 명상 구절

"느리게 걷는다고 늦는 것이 아니다.
서두르지 않는 마음에 진짜 나의 길이 열린다."

2부 ─ 모든 게 인연이다

명상 21
업인연, 과거로부터의 부름

어느 날
처음 보는 사람이 나를 오래 알고 있었던 듯
익숙하게 바라볼 때가 있습니다.
혹은
나도 모르게 누군가를 보며
괜히 마음이 찡하거나 눈물이 맺힐 때도 있습니다.

그것은
지금이 아니라
이전 생에서부터 이어져 온 인연,
곧 업인연입니다.

업인연은
내가 지은 행위의 결과로 만나는 관계입니다.
사랑으로 맺혔든, 미움으로 이어졌든
그 모든 감정의 씨앗은
지금 이 순간 나를 향해 열매가 되어 다가옵니다.

이 인연은 피할 수 없습니다.
피하려 하면 다시 다른 얼굴로 나타나고
도망치면 또다시 내 삶을 휘감습니다.
그래서 업인연은
받아들이고, 알아차리고, 녹여야 할 인연입니다.

업은 사랑으로 씻길 때 비로소 풀립니다.
미움이든 원망이든
한때 내가 선택한 감정이었음을 인정하는 순간,
그 인연은 나를 놓아주기 시작합니다.

나의 과거가 보내온 이 인연 앞에서
나는 오늘도 배우고 있습니다.
그래서 오늘, 이 사람 앞에 서 있는 나는
결코 어제의 나와 같지 않습니다.

오늘의 명상 구절

"업은 도망칠 때 커지고, 마주할 때 작아진다."
"그대가 이 만남에서 배울 것이 있다면, 그것이 업의 은혜다."

명상 22
관계의 거울, 나를 비추는 너

누군가를 싫어할 때
그 사람을 향한 감정 속에서
내 안의 상처를 돌아보는 나.

누군가를 부러워할 때
그 부러움의 그림자 속에서
내 욕망을 바라보는 나.

그것이 바로
'거울로 삼는 나'입니다.

…

모든 인연은 거울입니다.
사람은
자신이 가진 시선으로 세상을 보고,
그 시선은 다시
자신을 돌아오게 합니다.

그리하여
누군가를 미워하는 그 마음은
사실 내 안의 아픔을 비추는 거울이고,
누군가를 좋아하는 그 마음 역시
내 안의 갈망을 드러내는 빛입니다.

...

수행자는 인연을 통해
자신을 배우는 사람입니다.

관계를 피하지 않고,
그 안에서 자신을 마주합니다.

갈등은 괴로움이지만,
그 안에 진실이 있습니다.
오해는 슬픔이지만,
그 안에 배움이 있습니다.

...

인연을 맺는 모든 순간이
스승이 됩니다.
내가 누구인지,
어떤 마음을 숨기고 있었는지

관계를 통해 드러납니다.

그래서 수행자는
타인을 탓하기보다
그 인연을 통해
자신을 정화해 갑니다.

…

당신 곁에 있는 사람을
비추는 거울로 삼으세요.
그 안에
아직 사랑하지 못한
'나'가 숨어 있습니다.

오늘의 명상 구절

"사람은 거울이다.
타인을 통해 나는 나를 알아간다.
그 모든 인연이 진실을 비추는 스승이다."

명상 23
인연의 법칙

우리는
아무렇게나 흘러가는 존재가 아니다.
모든 만남에는 보이지 않는 이치가 숨어 있다.
그 이치가 바로 인연의 법칙이다.

어떤 이는
우리 삶에 한순간 나타나
소중한 것을 일깨우고 떠난다.
어떤 이는
오래 곁에 머물며
삶의 리듬을 함께 만들어간다.

그 모든 인연은
우리가 짓고, 거두며, 이어온
수없는 선택과 마음의 파동에서 비롯된 것이다.
인연은 우연이 아니다.
모두 다,
지극한 이유가 있다.

사랑도, 갈등도, 배움도,
모두 이 법칙의 그물 안에서 일어난다.
이해할 수 없던 인연조차
시간이 지나면
가르침이 된다.

그러니 원망하지 말자.
붙잡으려 애쓰지도 말자.
인연은 머물러야 할 때 머무르고,
떠나야 할 때 떠난다.
그 이치를 받아들이는 것,
그것이 삶의 지혜다.

오늘의 명상 구절

"인연은 반드시 이유가 있어 일어난다.
떠남조차 배움의 한 부분이다.
인연의 법칙을 믿으면, 삶이 고요해진다."

명상 24
내면의 인연 1단계: 나와 마주 서기

인연은 바깥에서 오는 것 같지만
진실된 인연은 언제나
내 안에서 시작된다.
그 시작은
바로 나와 마주 서는 일이다.

나는 누구인가.
나는 어떤 감정과 기억을 품고 살아왔는가.
그 질문 앞에 조용히 서면,
내면 깊은 곳에서
말 없는 나와 눈이 마주친다.

그동안 외면해온
상처와 후회,
억눌렀던 기쁨과 소망이
조용히 떠올라 말을 건넨다.
"나를 알아줘서 고마워."라고.

내면의 나와 인연을 맺을 때
비로소 바깥 세상도 달라진다.
타인을 향한 시선이 따뜻해지고,
삶의 굴곡 속에서도
흔들리지 않는 중심이 생긴다.

이것이 내면 인연의 첫 걸음,
자기 자신과의 화해다.
그 화해에서 진짜 인연이 싹튼다.

오늘의 명상 구절

"모든 인연의 시작은 나와의 만남이다.
나를 진심으로 알아볼 때, 세상이 달라진다.
내면의 평화는 모든 인연의 씨앗이다."

명상 25
내면의 인연 2단계: 감정 받아들이기

인연은 감정의 강을 따라 흐른다.
기쁨으로 맺어진 인연,
슬픔으로 남은 인연,
분노로 얼룩진 인연…
그 모든 감정 속에
삶이, 내가, 그리고 너의 흔적이 남아 있다.

감정을 무시하지 말자.
억지로 참지도 말자.
그 감정은 내가 살아왔다는
명확한 증거이며,
그대로 껴안아야 할
소중한 '내 마음'이다.

억울함도, 서러움도,
때론 부끄러움도, 질투도
모두 내 안의 진실이었다.
그 감정들과 인연을 맺고

따뜻이 안아줄 때
비로소 내면의 인연이 무르익는다.

감정을 받아들이는 것은
약함이 아니라 용기다.
마음속에 쌓여 있던 것들이
눈물로, 숨결로, 침묵으로 흘러나올 때
나는 나에게 진정한 친구가 된다.

오늘의 명상 구절

"감정은 나의 진실한 언어다.
감정을 받아들이는 순간, 치유가 시작된다.
내 마음의 감정과 인연 맺는 것, 그것이 수행이다."

명상 26
지나간 인연이 남긴 것

시간은 모든 것을 데려가는 듯하지만,
인연은 흔적을 남깁니다.
그때는 몰랐던 따뜻한 눈길,
무심히 건넨 말 한마디,
지금에 와서 마음을 적십니다.

떠난 사람의 말이
늦은 밤 갑자기 떠오르고,
멀어진 인연의 온기가
차가운 바람 속에서도 그립습니다.

인연은 사라지지 않고
내 안에서 다른 모습으로 자라납니다.
그리움이 되고, 깨달음이 되고,
때로는 내가 누군가에게 건네는 다정한 말이 됩니다.

지나간 인연도
지금의 나를 만든

또 다른 나였습니다.

오늘의 명상 구절

"떠난 인연은
여전히 내 안에서
다른 이름으로 살아 있다."

명상 27
용서의 인연, 나를 풀어주는 길

한때 원망하던 사람이 있다면,
그는 나의 또 다른 거울이었을지도 모릅니다.
그의 말 한마디, 행동 하나에
마음이 흔들리고, 괴로웠던 나는
그를 통해 아직 상처 입은 내 안의 나를 보았습니다.

용서는 타인을 향한 행위가 아닙니다.
내 마음의 감옥에서
내가 나를 꺼내주는 일입니다.
억울했던 기억도, 씻기지 않던 분노도
더 이상 쥐고 있지 않기로 선택할 때,
나는 진정 자유로워집니다.

인연은 만나고,
때로는 상처 주고,
또다시 흘러가며
우리에게 깨달음을 남깁니다.

오늘은
그 모든 인연에게 조용히 인사합니다.

"당신도 나처럼 아팠겠지요.
그래서 괜찮습니다.
나도 이제 놓겠습니다."

오늘의 명상 구절

"용서는 인연을 닫는 문이 아니라, 나를 여는 문이다."

명상 28
기다림의 인연, 꽃 피는 시간

어떤 인연은
한참을 기다려야 피어납니다.
서로의 속도가 다르고,
눈을 마주치기까지
수많은 계절을 돌아야 하는 인연도 있습니다.

그 기다림 속에서 우리는
자신을 더 깊이 바라보게 되고,
조급함 너머의 고요를 배우게 됩니다.

누군가를 기다리는 동안
나는 나를 만나고,
나를 기다리는 동안
삶은 나를 다시 안아줍니다.

빨리 이루어지지 않아서
더 깊어지는 인연이 있습니다.

오늘 그 느림을
온전히 품어봅니다.

"머뭇거림 속에서도
서로를 잊지 않았기에
우리는 다시, 만날 것입니다."

오늘의 명상 구절

"기다림은 인연을 숙성시키는 시간이다."

명상 29
부모로 만나지는 인연, 하늘에서 빌어 온 이름

이 세상에 태어나 가장 먼저 만나는 인연,
그것이 부모입니다.
내가 선택하지 않았으나
전생의 인연 따라 마주하게 된 첫 사람.

아버지는 세상을 살아가는 길을 가르치고,
어머니는 그 길을 견딜 수 있는 마음을 심어줍니다.
때로는 엄격하게,
때로는 온 마음으로 안으며
우리를 키워낸 사랑은 말보다 깊은 기도였습니다.

어릴 적엔 몰랐던 이름,
부모라는 말 속에 담긴 무거움은
내가 자식을 안아볼 때 비로소 알게 되지요.

그들이 나를 낳은 것이 아니라
내가 그들을 부모로 부른 인연이기도 합니다.
그 인연이 고마워서,

오늘은 조용히 속으로 되뇝니다.

"고맙습니다.
당신이 제 부모여서
참 다행입니다."

오늘의 명상 구절

"부모는 나를 세상에 낳았고, 나는 부모 안에서 마음을 배웠다."

명상 30

자식으로 태어나는 인연, 거울처럼 마주한 나

자식은 부모의 일부가 아닙니다.
그들은 독립된 생명이며,
또 다른 시간에서 온 나의 거울입니다.

자식이 태어남으로써
우리는 처음으로
누군가의 전부가 되는 경험을 하게 됩니다.
기쁨도, 두려움도, 책임도
모두 함께 따라오는 이 인연은
감사와 깨달음으로 가득한 수업입니다.

때로는 내 뜻과 다르고,
내 말에 따르지 않아 속이 상하지만
그 속에서 나의 미성숙과
기대를 내려놓는 연습을 하게 됩니다.

자식은 우리를 키우는 존재이기도 합니다.
내가 사랑을 주는 만큼

내 안의 사랑도 깊어지지요.

오늘은 마음으로 다짐해 봅니다.

오늘의 명상 구절

"자식은 내가 세상에 보낸 또 다른 나이며,
나를 가장 깊이 비춰주는 거울이다."

명상 31
형제 인연

형제란

피를 나누었기에 가까운 것이 아니라,

같은 울타리 안에서

같은 밥 냄새에 젖고

같은 아버지의 발자국을 따라 걷다

때론 싸우고 때론 눈물로 화해하며

인생의 첫 사랑과 다툼을 함께 배운 이들입니다.

때론 너무 가까워

말보다 침묵이 많아지고,

서로의 삶이 바빠질수록

점점 멀어지는 듯 보여도

마음 깊은 곳에는 늘

"네가 있어 다행이다."

하는 말이 묻혀 있습니다.

형제는 전생에

부부였을 수도,

은인이었을 수도 있습니다.
이번 생엔 혈연의 고리를 맺고
때로는 짐이 되어주며,
때로는 울타리가 되어줍니다.

삶이 힘겨울 때
말없이 건네는 국 한 그릇,
"잘 지내지?"라는 짧은 문자 속에도
그대는
세상에서 가장 오래된 내 편이란
진실이 숨어 있습니다.

오늘의 명상 구절

"인연은, 돌아보면 늘 곁에 있었습니다.
형제란, 같은 하늘 아래 울고 웃는 또 하나의 나입니다."

명상 32
부부 인연

부부란
남보다 낯설었던 두 사람이
서로의 하루를 받아들이고
잠든 얼굴 하나에
세상의 고단함을 놓아두는
가장 가까운 타인입니다.

처음엔 사랑으로 시작했지만
시간이 지나면
책임이 되고,
익숙함이 되고,
침묵 속의 공감이 됩니다.

전생에는
원수였을 수도 있고
스승이었을 수도 있고
또한 부부였을 수도 있었겠지요.
그래서 이번 생에서는

더 많이 다투고,
더 많이 참으며,
더 깊이 이해하게 되는지도 모릅니다.

부부란
같은 시간을
같은 지붕 아래에서
서로의 그림자를 보며
나를 비추는 거울이 되어주는 인연입니다.

때론 말보다 한숨이 먼저 나와도
그 모든 침묵과 갈등 속엔
'당신이기에 견딜 수 있었어'
라는 묵은 사랑이 숨어 있습니다.

오늘의 명상 구절

"인연은, 날마다 새롭게 피어나는 연꽃입니다.
부부란, 서로를 통해 나를 닦아가는 도반입니다."

명상 33
떠오르는 해와의 인연

매일 아침, 동녘 하늘을 물들이며
조용히 떠오르는 해를 바라본다.

그 빛은 말없이 다가와
어둠을 물리치고
세상을 밝힌다.

해는 묻지 않는다.
우리가 어떤 밤을 지났는지,
무엇을 후회하며 눈을 감았는지를.

다만, 언제나처럼
새로운 하루를 허락해준다.

그런 해처럼,
어떤 인연은 묵묵히 우리 곁을 비춘다.
조건 없이, 기대 없이,
그저 나의 오늘을 밝혀주기 위해.

그 인연이 곧 나의 하루를 다시 살아가게 한다.

그 인연이 나를,

조금 더 따뜻하게 만든다.

오늘의 명상 구절

"떠오르는 해는 묻지 않는다. 너의 어둠이 얼마나 깊었는지를,"

"말없이 비춰주는 인연이야말로 가장 큰 은혜다."

명상 34
해지는 저녁노을과의 인연

해가 서쪽 하늘로 기울며
붉게 물드는 노을을 바라보면,
그 하루가 얼마나 귀했는지를 알게 된다.

빛은 사라지지만,
그 자리에 남는 여운은
말 없는 작별처럼, 조용히 가슴을 물들인다.

그런 인연이 있다.
함께한 시간이 다하지 않아도
자연스레 멀어지는 사람들.
서운함보다 아름다웠던 순간들이
먼저 떠오르는 인연.

노을은 말해준다.
끝이 있다는 것은,
지금 이 순간을 더 소중히 살아야 한다는 뜻이라고.

지나간 인연 앞에서
미련 대신 고마움을 남기는 것.
그것이 성숙한 이별의 예법이다.

오늘의 명상 구절

"노을이 붉게 타오를수록, 오늘이 깊어졌다는 증거다."
"아름다운 인연은 저물어도 가슴에 노을처럼 남는다."

명상 35
바람과의 인연

바람은 보이지 않지만
어디에나 머문다.
지나가고 나서야
그 존재를 알게 되는 것,
그것이 바람이다.

인연도 그렇다.
함께할 땐 모르고
떠난 뒤에야
그 사람이 남긴 온기를 느끼게 된다.

어떤 인연은
강한 바람처럼 스치고 지나가
우리의 삶을 흔들기도 하고,
또 어떤 인연은
산들바람처럼 살며시 다가와
지친 마음을 쉬게 해준다.

바람은 머물지 않지만,
바람이 지나간 자리엔
때론 낙엽이 옮겨지고,
때론 향기가 퍼진다.

지나간 인연 역시
흔적을 남긴다.
보이지 않아도
우리 삶의 방향을
조금은 바꿔놓는다.

오늘의 명상 구절

"바람은 잡을 수 없지만,
지나간 바람이 남긴 흔적은 오래도록 느껴진다."
"인연도 그렇다. 떠났다고 사라진 것이 아니다."

명상 36

구름과의 인연

⚘

하늘을 바라보다 보면
모양을 바꾸며 흘러가는 구름을 만난다.

어느 순간엔
하늘을 가리고
햇살을 막는 그늘이 되기도 하지만,
또 어떤 날엔
아름다운 풍경이 되기도 한다.

인연도 그렇다.
한때는 내 삶을 가로막는 듯해도,
조금만 거리를 두고 보면
나를 성장하게 만든 시간이었음을 알게 된다.

구름은 머물지 않는다.
모든 형태는 변하고,
어떤 모습도 잠시 머무를 뿐이다.

그 변화를 받아들이는 것,
그것이 구름과의 올바른 관계이듯,
인연 역시
붙잡으려 하기보다
흘러가는 과정을 지켜보는 것이 지혜다.

흘러가는 구름을 보며
나는 배운다.
모든 인연은 흘러야 아름답고,
변화 속에서 빛나는 것임을.

오늘의 명상 구절

"구름은 머물지 않지만, 그 지나감이 하늘을 새롭게 한다."
"인연도 때로는 흘러야, 그 빛깔이 드러난다."

명상 37
꽃과의 인연

꽃은 피기 위해
자신의 때를 기다린다.
햇살과 바람,
비와 이슬을 온몸으로 견디고 나서야
비로소 한 송이의 빛으로 세상에 드러난다.

인연도 그러하다.
마음이 익기 전에는
어떤 만남도 꽃처럼 피어나지 않는다.
억지로 피운 꽃은 금세 시들고,
자연스레 핀 꽃은 오래도록 향기를 남긴다.

어떤 인연은
잠시 피었다 지는 들꽃처럼 가볍지만,
어떤 인연은
매해 돌아와 피는 나무꽃처럼
시간이 쌓일수록 더 깊어진다.

꽃은 말이 없다.
그저 피고,
향기롭고,
지는 과정을 고요히 받아들일 뿐이다.

그런 꽃을 닮은 인연,
그런 인연을 닮은 사람이
내 삶에 한 송이 피어 있었다면
나는 이미 축복받은 존재다.

오늘의 명상 구절

"꽃이 피는 데엔 말이 필요 없듯, 깊은 인연도 설명이 필요 없다."
"잠시 피어도 꽃은 향기를 남기고, 인연도 흔적을 남긴다."

명상 38
이슬과의 인연

새벽이 깊을수록
잎 끝에 맺히는 이슬은
더 투명하고, 더 조용하다.

햇살이 비치면
이슬은 소리 없이 사라진다.
그러나 그 자리는
언제나 촉촉한 생명의 흔적을 남긴다.

인연도 이슬 같다.
소리 없이 다가와
말없이 마음을 적시고,
한 줄기 햇살에도
아무 말 없이 사라질 수 있다.

하지만 그 인연은
한 시절을 살게 해주었고,
내 마음 한 귀퉁이에

맑은 감촉을 남겨주었다.

너무 오래 머물지 않아도,
너무 요란하지 않아도
충분히 소중한 만남.
그것이 바로
이슬 같은 인연이다.

오늘의 명상 구절

"이슬은 작지만, 새벽을 깨운다."
"가볍게 스친 인연도 마음의 깊은 곳을 적신다."

명상 39
하늘과의 인연

하늘은 언제나 위에 있다.
우리는 늘 그 아래에서 살아가지만
종종 잊는다.
하늘이 늘 함께하고 있다는 사실을.

구름이 떠도,
비가 내려도,
어둠이 드리워져도
그 너머엔 언제나 하늘이 있다.

어떤 인연도
그런 하늘 같을 수 있다.
멀리 있는 듯하지만
언제나 나를 감싸고 있었던 존재.

하늘은 판단하지 않는다.
내가 기뻐도, 슬퍼도,
하늘은 그 모든 감정을

조용히 받아내 준다.

그런 인연 하나가
우리 인생에 있다는 건
얼마나 큰 위안인가.

바라볼수록,
더 깊어지는
그 인연은 하늘처럼 넓다.

오늘의 명상 구절

"하늘은 멀어 보이지만, 늘 나의 머리 위에 있다."
"진짜 인연은 설명 없이도 늘 함께 있는 것이다."

명상 40
산과의 인연

산은 움직이지 않는다.
시간이 흘러도, 계절이 바뀌어도
늘 그 자리에 조용히 서 있다.

그저 거기에 있다는 것만으로
누군가에게는 안식이 되고,
누군가에게는 도전이 된다.

인연도 그렇다.
말없이 곁을 지켜주는 사람이 있다.
크게 웃겨주지도, 눈에 띄게 감동을 주지도 않지만
항상 그 자리에 있어주는 인연.
산을 오르다 보면
힘들고 숨이 차지만,
그 끝에 이르면
비로소 '함께한 시간'의 깊이를 느끼게 된다.

산 같은 인연은

급히 다가오지 않는다.
서두르지 않고
천천히, 깊게, 오래 우리 곁에 머문다.

오늘의 명상 구절

"산은 서두르지 않는다. 그럼에도 가장 높이 있다."
"가장 깊은 인연은, 조용히 오래 머무는 법이다."

명상 41
바다와의 인연

바다는 말이 없다.
하지만 그 속엔
수많은 생명과 비밀,
그리고 수천만 겹의 파도가 있다.

인연도 그러하다.
겉으로는 고요해 보여도
그 깊은 곳에는
말로 다 할 수 없는 감정이 숨어 있다.

바다는
밀려오기도 하고,
밀려가기도 하며
쉼 없이 출렁이지만
결코 자신의 깊이를 자랑하지 않는다.

어떤 인연은
바다처럼 깊고 넓다.

한 사람의 인생을 다 품어도
조용히 받아주는 인연.

그런 인연 앞에서는
말보다 침묵이 어울리고,
요란함보다 기다림이 어울린다.

바다는 늘 그 자리에 있다.
내가 기쁠 때도,
슬플 때도,
나를 품어주는 푸른 품처럼.

오늘의 명상 구절

"바다는 말이 없지만, 그 속엔 모든 것이 있다."
"깊은 인연일수록, 말없이 마음을 품는다."

명상 42
파도와의 인연

파도는 멈추지 않는다.
밀려오고,
부딪히고,
다시 돌아가며
하루에도 수없이 변화한다.

어떤 인연은
파도처럼 다가온다.
그리움처럼 밀려오고,
오해처럼 부딪히고,
이별처럼 물러난다.

그러나 파도는
결코 바다를 떠난 적이 없다.
그저 다른 리듬으로
다시 돌아올 뿐이다.

우리의 관계도 그렇다.

가까워졌다 멀어지고,
오해하고 화해하며
시간 속에 출렁인다.

중요한 것은
다시 돌아오려는 마음.
진심은
언제나 다시 만날 파도를 만든다.

오늘의 명상 구절

"파도는 멀어지는 것이 아니라, 다시 오기 위한 준비이다."
"인연도 흐른다. 그러나 진심은 언젠가 다시 닿는다."

명상 43
섬과의 인연

섬은 홀로 있다.
바다 한가운데
말없이 서 있으면서도
그 자리는 결코 외롭지 않다.

때로 우리는
다른 이들과 조금 떨어져 있는 인연을 만난다.
자주 연락하지 않아도,
함께 시간을 보내지 않아도
묵묵히 존재만으로 힘이 되는 그런 사람.

섬은
누구를 찾지 않아도
누군가의 마음에 늘 기억되는 곳이다.

그런 인연은
멀리 있어도 가깝고,
조용해도 따뜻하며,

필요할 때 떠오르는 마음의 쉼터가 된다.

그대 삶에도
섬 같은 인연이 하나쯤 있다면,
그건 이미 커다란 선물이다.

오늘의 명상 구절

"섬은 말이 없지만, 늘 그 자리에 있다."
"진짜 인연은 자주 보지 않아도, 잊히지 않는다."

명상 44
언덕과의 인연

길을 걷다 보면
갑자기 마주치는 언덕이 있다.
숨이 차오르고
걸음이 느려지는 순간,
비로소 우리는 주위를 돌아보게 된다.

언덕은 쉼 없이 오르기만 하는 삶에
잠시 멈춤과 되돌아봄을 허락하는 자리다.

어떤 인연도 그렇다.
내 삶이 고르게 흘러갈 때보다
조금 힘겹고,
조금 느려질 때
비로소 내 곁에 있다는 걸 느끼게 되는 사람.

함께 올라야 더 가볍고,
잠시 쉬어야 더 깊이 나눌 수 있는 인연.

언덕을 오르고 나면
우린 알게 된다.
그 길이 조금 힘들었기에
함께한 사람이 더 고맙다는 것을.

오늘의 명상 구절

"언덕은 멈춤을 허락하고, 돌아봄을 가르친다."
"진짜 인연은, 내 삶이 느려질 때 그 자리에 함께 있는 사람이다."

명상 45
낮과의 인연

낮은 모든 것을 비춘다.
숨길 것도, 꾸밀 것도 없이
있는 그대로를 드러낸다.

그 빛 아래에서
사람의 얼굴도,
마음의 그림자도
모두 선명하게 드러난다.

어떤 인연은
낮과 같다.
밝고 정직하고,
그 자체로 믿음직하다.

그 인연은
숨기지 않고 말하고,
돌려 말하지 않아도 통하며,
늘 앞에서 마주 설 수 있는 관계다.

그런 사람은
나를 편안하게 하고,
내가 나 자신으로 살아가게 만든다.

낮이 있는 한
세상은 어둠에 잠기지 않듯,
그런 인연 하나로
우리 마음도 빛을 잃지 않는다.

오늘의 명상 구절

"낮은 모든 것을 드러내지만, 그래서 더 편안하다."
"밝은 인연은 나를 숨기지 않아도 되는 관계다."

명상 46
밤과의 인연

밤은 말이 없다.
소리도, 빛도
하나둘 사라지고
오직 마음만이 깨어 있는 시간.

깊은 밤이 되면
사람은 더 진실해진다.
화려함이 사라진 그 순간,
가장 나다운 마음이 드러난다.

어떤 인연은
밤과 같다.
조용히,
그러나 깊게 나를 이해해주고
내 아픔을 말하지 않아도 알아주는 사람.

그 인연은
소란한 낮보다

고요한 밤에 더 생각난다.
위로라는 말 없이도
그 존재만으로 위로가 되는 사람.

밤은
고요함 속에 회복을 주고
어둠 속에 내일을 품는다.

그런 인연은
말보다 믿음으로,
행동보다 존재로
우리 곁에 머문다.

오늘의 명상 구절

"밤은 어둡지만, 마음은 더 잘 보인다."
"진짜 인연은 말없이도 내 마음에 닿는 사람이다."

명상 47
별과의 인연

별은 멀리 있다.
손 닿지 않는 거리에서
고요히 빛난다.

하지만 우리는
그 빛을 보며 길을 찾고,
그 빛으로 소원을 빈다.

어떤 인연은
별과 같다.
곁에 있진 않지만
생각만 해도 마음이 환해지는 사람.

언제나 볼 수 있는 것은 아니지만,
가장 어두운 밤일수록
더 선명히 다가오는 인연.

별은 말하지 않는다.

그저 거기서
자신의 자리에서 빛날 뿐이다.

그런 인연 하나가 있다는 건
삶이 어둡지 않다는 증거다.
마음속 어딘가
늘 나를 위한 빛이 있다는 뜻이다.

오늘의 명상 구절

"별은 멀지만, 마음엔 가장 가까이 있다."
"진짜 인연은 어두울수록 더 빛나는 사람이다."

3부 ─ 삶의 상징 속 인연

명상 48
별이 말을 걸어올 때

밤이 깊어
모든 것이 멈춘 듯 고요할 때
하늘 저편,
작은 별 하나가 내 마음에 말을 걸어온다

"너는 혼자가 아니야
언제나 누군가의 하늘 아래에서
너를 바라보는 시선이 있단다."
별은 멀리 있어도
나보다 먼저 울고
나보다 먼저 웃는다

내가 고개를 들어
하늘을 올려다보는 그 순간조차
별은 이미
나의 어두운 시간을 건너온 친구였다

나는 이제 안다

진짜 인연은

어둠 속에서도 나를 잊지 않고

빛으로 신호를 보내는 존재임을

오늘의 명상 구절

"별은 멀어도, 가장 가까운 마음이다."

명상 49
낙엽이 속삭인 이야기

가을 길을 걷다가
바람에 실려 떨어지는 낙엽을 보았다

누군가는 저것을
끝이라 하겠지만
낙엽은 나에게 말했다

"나는 떠나기 위해 자란 것이 아니라
머물기 위해 흩날리는 거란다"

나뭇가지에서 내려온 낙엽은
흙으로 돌아가
다시 나무를 키울 것이다

우리의 인연도 그러하리
때로는 멀어지고
때로는 흩어져도
결코 사라지는 법은 없다

잊혀질 듯
조용히 내려앉은 이름 없는 낙엽 하나,
그 안에
또 다른 내가 숨어 있었다

오늘의 명상 구절

"인연은 쓰러짐 속에서도, 다시 살아난다."

명상 50
구름의 이름 없는 길

하늘을 유영하는
이름 없는 구름 한 조각을 보았다

그 어떤 구속도,
그 어떤 목적도 없이
구름은 흘렀다
그저 바람이 이끄는 대로
멈추지 않고 흘렀다

구름은
모양을 바꾸며
때로는 산을 품고,
때로는 해를 가렸다

그 모습은 늘 변했지만
구름은 결코 자신을 잃지 않았다

인연도 그러하리

같은 모양을 고집하지 않고
상대를 흘려보낼 줄도 알고
자신을 비워낼 줄도 아는 것

그래서 우리는
구름 아래에서 만났고
구름 너머에서도
여전히 연결되어 있다

오늘의 명상 구절

"진짜 인연은, 머무르지 않아도 이어진다."

명상 51
거울 앞의 나, 거울 속의 너

어느 날 문득
나는 누군가의 말 한마디에
속이 뒤집히고
눈물이 흐를 뻔했다

그 순간 깨달았다
그 사람이 내게 던진 말이 아니라
그 말에 내가 비친 것임을

인연은 거울이다
좋은 인연은 나의 미소를 비추고
아픈 인연은 나의 상처를 보여준다

우리는 서로의 거울이다
어떤 이는 나의 분노를,
어떤 이는 나의 자비를
비추어 준다

그래서 모든 만남은
내 안의 무엇인가를
비춰 보여주기 위해 다가온다

나를 미워하게 만든 사람도
사실은
내가 나를 미워하고 있었던
그 마음의 투영이었다

오늘의 명상 구절

"인연은 거울처럼, 나를 나에게 보여준다."

명상 52
빈자리에서 피어나는 연꽃

때로는
누군가의 빈자리가
더 많은 말을 걸어옵니다.

늘 있던 자리에
이제 없는 사람,
익숙한 손길이 사라진 자리에
바람만이 머뭅니다.

그 빈자리엔
한때 나누었던 웃음과 눈물이
고요히 피어올라
시간보다 진한 향기를 남기지요.

떠난 사람도, 멀어진 인연도
그저 흩어진 것이 아니라
내 안에 고이 들어와
한 송이 연꽃이 되어 자랍니다.

비어 있기에
다시 채워지는 법.
사라졌기에
더 깊이 머무는 인연.

그 빈자리 덕분에
나는 조금 더 따뜻해지고,
조금 더 성숙해집니다.

오늘의 명상 구절

"마음의 빈자리는 가장 깊은 연꽃이 피어나는 연못입니다."

명상 53
스며드는 향기처럼

향기는
눈에 보이지 않지만
가장 오래 남는 인연입니다.

스쳐 간 말 한마디,
따뜻했던 눈빛,
차 한 잔을 건네던 그 손끝에서조차
은은한 향기가 퍼져옵니다.

인연은
때론 그리 대단한 것이 아니라
잠시 머물렀던 그 사람의
마음의 결에서 피어나는 향기입니다.

멀리 있어도
그리움은 향기로 남아
가슴 깊은 곳에서 피어오르고,

말없이 있어도
그 사람의 온도는
시간을 넘어 나를 감쌉니다.

인연이란,
몸이 아닌 마음의 흔적.
향기처럼 스며들어
아물지 않는 따스함을 남기고 갑니다.

오늘의 명상 구절

"좋은 인연은
향기처럼,
기억보다 먼저 가슴에 닿습니다."

명상 54
그늘이 되어준 사람

햇살은 눈 부시지만
늘 환한 것만이 좋은 것은 아닙니다.

지나치게 밝은 날엔
그늘이 되어줄 누군가가
참 고마운 존재가 됩니다.

말없이 곁을 내주고,
기대어 쉬게 해주며,
때로는 대신 햇살을 막아주는 사람.

그런 인연은
내 삶에 가장 조용히 다가와
가장 깊게 남습니다.

앞서가지 않아도
뒤따라 걷지 않아도
그저 곁에 있다는 것만으로

쉼이 되는 사람.

그늘이 없었다면
나는 내 그림자조차 볼 수 없었을지 모릅니다.

오늘의 명상 구절

"인연은 때로,
빛보다 깊은 그늘이 되어
나를 지켜주는 사랑입니다."

명상 55
물결은 멈추지 않는다

인연은 물결처럼 다가옵니다.
때론 조용히 밀려오고,
때론 거칠게 흔들며 지나갑니다.

파도가 밀려올 땐
우리는 버티기도 하고
그저 흔들리기도 합니다.

그러나 시간이 지나면
그 모든 물결은
나를 조금 더 깊은 쪽으로 이끌어줍니다.

헤어짐도, 만남도
물결이 지나간 흔적 위에 남아
마침내 나라는 바다의 일부가 됩니다.

누군가는 스쳐 지나가고,
누군가는 오래 맴돌다 사라지지만

그 누구도 헛되이 머문 인연은 없습니다.

오늘의 명상 구절

"인연은 멈추지 않는 물결.
흔들리며, 우리는 깊어집니다."

명상 56
거울이라는 인연

내가 누군가를 바라볼 때
그의 말투, 눈빛, 습관,
심지어는 그가 짓는 표정마저
익숙하게 느껴질 때가 있습니다.

그는 나와 닮은 사람일지도 모릅니다.
내 안에 감춰진 모습,
내가 외면한 그림자,
혹은 내가 이루고 싶었던 이상.

그렇게 우리는
거울처럼 서로를 비추며 살아갑니다.
좋은 인연은 나의 밝은 면을,
힘겨운 인연은 나의 어두운 면을 비추어 줍니다.

하지만 그것도 결국,
또 다른 나의 얼굴입니다.
인연은 늘 나를 비춰주는

살아 있는 거울이었음을
나는 이제야 깨닫습니다.

어떤 인연 앞에서도
나는 묻습니다.
"당신은 내 안의 무엇을 비추는가?"

오늘의 명상 구절

"인연은 나를 비추는 거울이다.
그 앞에서 나는 내 진짜 얼굴을 만난다."

명상 57
그늘

햇살이 강할수록
그늘은 또렷하게 생깁니다.
삶의 환한 웃음 뒤에는
때로 설명할 수 없는 고요한 슬픔이 드리워지지요.

그늘이 있어, 나는 쉬었습니다.
눈부신 세상 속에 오래 서 있으면
내 마음도 지쳐가니까요.
그늘은 내게 말했습니다.
"여기 앉아, 잠시 숨 고르렴."

그늘은 어둠이 아니라
다른 빛이 머무는 자리였습니다.
상처를 감추기보다
상처가 쉬어가는 공간,
지나온 시간의 그림자가
말없이 나를 안아주던 인연의 자락이었습니다.

나는 이제,
누군가에게 그늘이 되고 싶습니다.
숨 쉴 곳 없는 누군가에게
잠시 기댈 수 있는 나무가 되고 싶습니다.

그늘도 햇살도
결국 하나의 빛이었음을
당신으로 인해, 나는 알았습니다.

오늘의 명상 구절

"그늘에 앉아 바라본 나의 인연,
그것은 빛의 또 다른 이름이었다."

명상 58
길 위의 인연

길을 걷다
눈빛이 잠시 마주친 사람,
버스를 기다리며 나란히 서 있던 이,
책방에서 같은 책에 손을 뻗다 물러난 순간,
그 모두가
나를 스쳐간 인연이었다.

아무 말 없이도
그 순간은 나의 하루에 흔적을 남긴다.
그 작은 스침이
내 마음의 방향을 살짝 바꾸어 놓을 때가 있다.

긴 인연만이
소중한 것은 아니다.
어쩌면 삶은
찰나의 만남으로 길을 이루고,
짧은 인연으로 깊이를 만들어간다.

때론 아주 오래된 인연보다
그날 길 위의 한 사람,
그 한마디 미소,
그 따뜻한 눈빛이
나를 살게 한다.

그래서 나는 안다.
세상에 우연한 인연은 없다는 걸.

오늘의 명상 구절

"길 위에 만난 인연도 마음을 움직이면, 그것이 운명이다."

명상 59
이름을 부른다는 것

사람을 처음 만났을 때
우리는 이름을 묻는다.
그 이름 속엔
그 사람의 하루, 계절, 살아온 이야기가
숨결처럼 담겨 있다.

이름은
가장 짧은 시詩이고,
가장 오래된 약속이다.
누군가의 입술에서 불릴 때
그 사람은 거기 있다는 사실을
세상은 다시 한 번 확인한다.

너의 이름을 불러 보았다.
그 순간, 너는
한 송이 꽃처럼 내 안에 피어났다.

그 이름을 부르지 않게 되면

인연은 서서히 멀어진다.
잊힌 이름은
이별보다 더 조용한 작별이다.

그러니 사랑하는 이를
부디 자주 불러주자.
소중한 이름일수록
마음 깊이 새기고
한 번 더,
정성스레 불러주자.

오늘의 명상 구절

"이름은 마음의 울림이다. 불러주는 만큼, 인연은 살아난다."

명상 60
보이지 않아도 머무는 사람

가까이 있던 사람보다
멀리 떠난 사람이
마음속엔 더 오래 남는다.

시간이 흘러도
그 사람의 말투, 걸음, 숨결이
내 일상 어귀마다 따라온다.

이미 떠났다고 여겼지만
나는 아직도 그를
마음 한구석에 앉혀두고 있었다.

불현듯 떠오른 향기,
눈길이 닿은 문장 하나에도
그 사람의 얼굴이 스며 있다면 —
그건 아직 내 안에
그 인연이 살아 있다는 증거다.

멀리 있어도
마음에서 지우지 못한 사람,
그는 지금도
내 안에서 나를 지켜보고 있다.

오늘의 명상 구절

"떠났다고 끝난 인연은 없다
마음에 머문 이는 여전히 곁에 있다"

명상 61

낯선 만남이 삶의 방향을 바꿀 때

처음엔 그저 스쳐 갈 인연이라 여겼다.
오래 갈 거라 기대하지도,
내 안에 들어올 거라 상상하지도 않았다.

그런데 이상하게,
그 사람을 만난 후
내 마음의 결이 달라지기 시작했다.

늘 하던 말을 멈추고
하지 않던 질문을 하게 되었고,
늘 걷던 길에서 돌아서
다른 길을 바라보게 되었다.

그 사람은 나를 설득하지 않았지만
나는 그 사람을 통해
이전의 나를 천천히 놓고 있었다.

그것이 인연이다.

말보다 깊고,

시간보다 빠르게

삶의 방향을 바꾸는 만남.

오늘의 명상 구절

"낯선 인연이 내 삶을 다시 쓰기 시작했다"

명상 62
익숙함 속에 잊혀진 마음

오래 함께한 인연은
때로 너무 가까워서
소중함을 잊게 된다.

늘 곁에 있어서
당연하게 여기고,
늘 들어주는 사람이기에
감사조차 미루게 된다.

하지만 문득,
그 사람이 잠시 자리를 비운 어느 날
공기처럼 스며있던
그 마음의 무게를 알게 된다.

무심했던 말 한마디,
못 본 척 지나쳤던 표정이
이제 와 마음을 아프게 한다.

가까운 인연일수록
감사의 말은 더 자주,
사랑의 눈빛은 더 깊이
전해야 한다는 걸
이제야 배운다.

오늘의 명상 구절

"늘 곁에 있었다고
그 마음까지 당연한 건 아니다"

명상 63
이미 쏘아진 인연의 화살

어떤 인연은
이미 오래전에
쏘아진 화살처럼
이 생의 어디쯤엔가 반드시 나를 꿰뚫는다.

그 사람,
그 말,
그 시간에 마주해야 했던 건
우연이 아니었다.
지금의 내가 만든 것도 아니었다.

전생에서 남겨진 숙제,
마음 깊은 곳에서 끝내 풀리지 않은 매듭,
그 모든 흔적들이
인연의 이름으로 다시 걸어온 것이다.

거부해도
피해도

외면해도
그는 언젠가 다시 돌아와
내 마음의 문의 노크를 멈추지 않는다.

그래서
이미 쏘아진 화살은
원망의 이름이 아니라,
깨어남의 또 다른 기회이다.

운명처럼 찾아온 인연이라면
나는 묻는다.
이 인연이 내게 무엇을 가르치려 하는가.
어떤 나를 넘어서게 하려는가.
기꺼이 아파하고,
끝내 받아들이며,
그를 향해 두 손을 모은다.
당신도 결국 나였음을.

오늘의 명상 구절

"이미 쏘아진 인연을 탓하지 말라.
그 인연은 나를 깨우는 나의 또 다른 얼굴이다."

4부 — 불교적 깨달음의 인연

명상 64
머무는 것은 없었다

나를 스쳐간 수많은 사람들,
웃고 울며 지나간 이야기들,
오래 함께할 줄 알았던 시간도
어느새 흔적만을 남기고 사라졌다.

머무를 것 같던 사랑도
사라질 것 같지 않던 아픔도
결국은 모두 지나갔다.

그제야 알았다.
무상無常은 진리가 아니라
살아 있는 순간순간의 현실이라는 것을.

그 사람을 원망할 시간에
그 사람이 남긴 여운을 안아주는 것이
더 깊은 삶이었다.

변하지 않길 바라는 마음이

괴로움의 뿌리였고,
그리움에 집착하는 순간
나는 지금을 잃어버리고 있었다.

무상은 슬픈 법이 아니다.
무상은, 모든 것을 다시 시작할 수 있게 하는
가장 따뜻한 자비였다.

오늘의 명상 구절

"지나감은 끝이 아니라,
다시 피어남을 준비하는 연기緣起의 시작이다."

명상 65
고통은 삶의 맨살이었다

삶이 내게 건넨 첫 번째 질문은
"왜 아픈가"였다.
사랑이 떠났고,
몸이 병들었고,
마음은 자주 무너졌다.

그럴 때마다 나는
누군가의 탓을 하고 싶었고,
운명을 원망하고 싶었다.
그러나 어느 순간,
고통은 나에게 말을 걸었다.

"나를 피하지 마라.
나는 삶의 맨살이다."

아프지 않았다면,
나는 타인의 눈물도 보지 못했을 것이다.
무너지지 않았다면,

나는 다시 일어서는 용기의 빛도 알지 못했을 것이다.

인연은 때때로
고통의 얼굴로 다가온다.
그 인연은
나를 무너뜨리러 오는 것이 아니라,
더 깊은 나로 깨어나게 하려는
삶의 수행이었다.

오늘의 명상 구절

"고픔는 나를 아프게 하지만,
더는 아프지 않게 살도록 나를 가르친다."

명상 66
나라고 여긴 것은 없었다

그 사람이 나를 무시했을 때
내가 상처받은 이유는
'나'라는 자존심이 다쳤기 때문이었다.

그 사람이 나를 인정했을 때
내가 기뻤던 이유는
'나'라는 이름이 드러났기 때문이었다.

그러나
그 모든 기쁨과 슬픔을 바라보는 한켠에서
묵묵히 지켜보는 어떤 침묵이 있었다.

그것은
"나는 누구인가"라는 질문 속에만 머물지 않고,
"정말 내가 있는가"라는 물음에 다가가게 했다.

몸도 마음도 생각도
언제나 변했고,

고정된 '나'는 어디에도 없었다.

인연 따라 일어난 감정과 기억이
'나'라고 착각한 것이었다.
그리고 그 착각 속에서
수많은 인연을 오해하고,
그 인연에 집착하고 있었다.

무아는 허무가 아니다.
무아는 연기의 진실이다.
고정된 '나'가 없다는 건,
고정된 운명도, 한계도 없다는 뜻이다.

오늘의 명상 구절

"'나'는 없다.
그러므로 무엇이든 될 수 있고,
끝내 모든 것과 하나일 수 있다."

명상 67
마침내 고요해졌다

그토록 원했던 것들이
손에 들어오면 사라졌고,
사라지길 바랐던 것들이
마음속에서 떠나지 않았다.

붙잡는 순간 아픔이 되었고,
미워한 만큼 나를 괴롭혔다.
인연 따라 피고 지는
모든 것을 끌어안고 살다가,
나는 조용히 앉았다.

더는 이기려 하지 않고,
설명하려 들지 않고,
다른 이의 삶에 개입하지도 않고.

그제야 알았다.
침묵이 이렇게 넓고,
비움이 이렇게 따뜻하다는 것을.

누가 오든
누가 떠나든
흔들리지 않는 이 평온.

그것이
열반이었고,
적정寂靜이었다.

불이 아니고
어둠도 아닌
무너지지 않는 내면의 광명.

오늘의 명상 구절

"열반은 끝이 아니라,
더 이상 흔들리지 않는 나와의 만남이다."

명상 68
나눔은 나를 건너가는 다리이다
(보시 · 布施)

인연이란
주는 마음에서 시작됩니다.
무언가를 베풀고자 한순간,
내 안의 따뜻함이
다른 이의 차가운 하루를 비춥니다.

보시는 단지 물건을 나누는 일이 아닙니다.
말 한마디,
웃음 하나,
묵묵히 건네는 눈빛 하나도
그대가 가진 큰 선물입니다.

가장 큰 보시는
'마음'을 건네는 일입니다.

상대가 외로울 때
그 곁에 있어 주는 것,

슬픔이 가득할 때
묵묵히 손을 잡아주는 것,
그 모두가 삶 속의 보시입니다.

주는 것은
결코 줄어듦이 아닙니다.
그것은 나와 너를 연결하는
조용한 다리이고,
서로의 삶을 건너가는
숨결입니다.

보시를 통해 우리는
또 다른 나를 만나고,
또 하나의 인연을
깊이 품게 됩니다.

오늘의 명상 구절

"진정한 보시는 마음에서 비롯된다."
"작은 나눔 하나가, 인연을 꽃피운다."
"베푼 만큼 우리는 서로의 삶에 닿는다."

명상 69
지킨다는 것은 사랑함이다
(지계 · 持戒)

인연을 맑게 이어가려면
마음을 지키는 일이 먼저입니다.
지계는 억누름이 아니라
자유롭게 사랑하기 위한 약속입니다.

욕심으로 흐르려는 마음을
한 번 가라앉히고,
말이 앞서기 전
그 뜻을 곱씹어보며,
행동보다 앞선 생각을 살피는 것 —
그 모든 것이 지계입니다.

지계는 금지의 벽이 아닙니다.
그것은 내가 상처 내지 않도록,
남의 세계를 함부로 어지럽히지 않도록
내 마음에 세워둔 울타리입니다.

스스로를 지키는 이가

타인을 더 깊이 존중할 수 있습니다.

그럴 때 비로소

인연은 안전하게 숨 쉴 수 있고,

관계는 평화롭게 꽃필 수 있습니다.

지계는 사랑의 다른 이름입니다.

지키는 만큼,

그 인연은 더 오래 머뭅니다.

오늘의 명상 구절

"지계는 사랑의 형식이다."

"말과 행을 지킨다는 것은, 마음을 품는 것이다."

"지킨다는 것, 그것은 내가 너를 아낀다는 뜻이다."

명상 70
고요히 받아들임, 그것이 인연을 지키는 힘이다
(인욕 · 忍辱)

인연은
기쁨으로만 이어지지 않습니다.
때론 다툼이 일고,
때론 마음이 어긋납니다.

그럴 때 필요한 것이
참는 것이 아니라
받아들이는 용기, 인욕입니다.

인욕은 약함이 아닙니다.
고통을 껴안는
깊은 내면의 힘입니다.

흔들리는 말 앞에서도
마음을 머금고,
오해와 비난 앞에서도
진심의 불씨를 꺼뜨리지 않는 일 —

그것이 인욕입니다.

참는다는 말에는
억눌림이 있지만,
인욕에는 자비가 있습니다.

상대의 허물을 품어주는 동안
나는 내 마음을 더 넓게 씻어내고,
그 인연은
조금 더 깊어져 갑니다.

화를 쏟는 대신
연민을 보낼 수 있다면,
그때 우리는
또 다른 나와의 만남 앞에
비로소 고요히 설 수 있습니다.

오늘의 명상 구절

"인욕은 약함이 아니라, 지혜의 근력이다."
"받아들임 속에, 인연은 비로소 자란다."
"화를 참는 것이 아니라, 사랑을 품는 것이다."

명상 71
멈추지 않는 마음, 그것이 인연을 살립니다
(정진 · 精進)

인연은
단지 우연히 머무는 것이 아니라,
끊임없이 가꾸고 나아가는
정진의 발걸음 위에 꽃피웁니다.

하루하루,
내 마음을 더 맑게 닦고
말을 더 조심하고
행동에 따뜻함을 더하려 애쓰는 그 순간들 —
그것이 정진입니다.

쉽지 않은 관계 속에서도
더 좋은 내가 되기를 다짐하고,
반복되는 갈등 속에서도
포기하지 않고 다시 돌아보는 힘 —
그것이 정진입니다.

정진은
큰 것을 해내는 일이 아닙니다.
작은 마음 하나,
짧은 침묵 하나,
조금 더 깊은 이해 하나가
매일 쌓여
내가 변화하고,
그 변화가 인연을 밝힙니다.

흔들려도 멈추지 않고,
넘어져도 다시 일어서는 것,
오늘보다 더 따뜻한 나로
또 다른 나를 만나는 것 —
그 길 위에 인연은 자랍니다.

오늘의 명상 구절

"정진은 나를 향한 약속이며, 너를 위한 기도다."
"작은 걸음이라도 멈추지 않을 때, 인연은 깊어진다."
"더 나은 내가 되어야, 더 나은 인연을 만난다."

명상 72
고요한 마음이 인연을 비춥니다
(선정 · 禪定)

많은 인연들이
서로의 말에 치이고,
감정의 파도에 흔들리다
잊히고 사라집니다.

그러나
고요히 마음을 머금을 수 있을 때,
그제야 우리는
진짜 상대의 얼굴을 봅니다.

선정이란
마음을 비워
내면의 거울을 맑게 닦는 일입니다.
그 거울이 맑아야
내 앞의 인연도
있는 그대로 비춰집니다.

흔들리지 않겠다는 의지가 아니라,
흔들릴 때마다
다시 중심으로 돌아올 줄 아는 힘 —
그것이 선정입니다.

선정은 단절이 아닙니다.
세상과 단절하지 않으면서
나를 잃지 않는 것,
그 안에서 인연을 맑게 만나는 것.

바람이 불어도 산은 묵묵하듯,
시비와 욕망의 소리에도
마음은 잔잔할 수 있습니다.

고요한 마음에는
모든 인연이
다만 지나가는 구름처럼,
감사하게 머뭅니다.

오늘의 명상 구절

"선정은 외면이 아닌, 내면으로 향하는 귀의이다."

"고요히 머무를 수 있을 때, 인연은 말없이 깊어진다."

"내가 잠잠해질수록, 인연은 더 크게 들려온다."

명상 73
지혜는 인연을 꿰뚫는 눈입니다
(지혜 · 智慧)

많은 인연이
겉모습에 머물고,
말과 상황에 흔들리다
끝나버립니다.

그러나 지혜는
그 이면을 봅니다.
말 너머의 침묵을 듣고,
행동 너머의 마음을 느낍니다.

지혜로운 이는
인연을 계산하지 않고,
그저 함께 머물 줄 압니다.

좋은 인연이든
험한 인연이든
그 안에 담긴 깨달음을

놓치지 않습니다.

지혜는 삶을 꿰뚫는 눈이자,
인연을 이해하는 마음입니다.

어떤 만남이든
나를 가르치고,
어떤 이별이든
나를 성숙하게 하며,
어떤 다툼이든
내 안의 자비를 일깨우는 거울이 됩니다.

그 모든 것을 꿰뚫고도
원망하지 않고,
붙잡지도 않는 마음 —
그것이 바로
지혜로 피어난 인연입니다.

오늘의 명상 구절

"지혜는 인연의 깊이를 헤아리는 눈이다."
"보이는 것 너머를 보는 힘,
그곳에서 인연은 다시 태어난다."
"지혜는 인연의 고통을 자비로 바꾸는 빛이다."

명상 74
정견 正見
바르게 본다는 것은, 연기緣起를 이해하는 것입니다

우리가 만나는 모든 인연은
그저 우연히 다가오는 것이 아닙니다.
모든 만남은 인연 따라 일어났고,
조건 따라 변하며,
때가 되면 흩어집니다.

정견이란
그 진실을 있는 그대로 바라보는 눈입니다.

좋은 인연이라 집착하지 않고,
고통스러운 인연이라 밀어내지 않고,
그저 그 인연이
왜 지금 이 순간 내 앞에 있는지를
깊이 들여다보는 마음.

정견은
삶의 본질을 꿰뚫는 눈이며,

나와 타인의 괴로움을
연민으로 바꾸는 통찰입니다.

무상無常, 고苦, 무아無我를
머리가 아니라 가슴으로 이해할 때 —
우리는 비로소
인연 앞에 바르게 서게 됩니다.

오늘의 명상 구절

"정견은 세상을 바꾸는 것이 아니라, 바라보는 방식을 바꾸는 것이다."
"진실을 본다는 것은, 고통의 이면까지 사랑하는 것이다."
"인연을 이해할 때, 삶은 원망에서 자비로 향한다."

명상 75
정사유 正思惟
바르게 생각한다는 것은, 인연을 맑게 품는 일입니다

생각은

인연을 맺기도 하고

인연을 끊기도 합니다.

말보다 빠르고,

행동보다 깊이 스며드는 생각 ―

그 속에 우리의 인연은

늘 자라고 있었습니다.

정사유는

상대를 향한 악한 마음을 멈추고,

스스로를 향한 집착을 내려놓는 연습입니다.

상대를 판단하기 전에

먼저 나의 생각을 살펴보는 일입니다.

'그럴 수도 있겠다.'

'혹시 내가 놓친 것은 없을까.'

이 한마디 사유思惟가

인연을 살리고,

또 다른 나를 이해하게 합니다.

정사유는

생각을 맑게 하는 수행이며,

인연을 평화롭게 품는 방법입니다.

말을 바꾸기 전에,

세상을 바꾸기 전에,

생각을 맑게 하는 것부터 시작해야 합니다.

오늘의 명상 구절

"정사유는 인연의 방향을 결정짓는 마음의 나침반이다."
"맑은 생각 하나가, 인연의 탁함을 씻는다."
"생각이 바르면, 인연은 스스로 제자리를 찾는다."

명상 76
정어 正語
말은 인연을 맺고 풀고 짓는 다리

말은 공기 중에 흩어지는 소리가 아닙니다.
한마디 말이 인연을 살리고,
또 다른 한마디가 인연을 끊습니다.

정어란
거짓을 말하지 않고,
이간하지 않으며,
거친 언어를 삼가고,
쓸데없는 말로 마음을 흐리지 않는
바른말의 길입니다.

침묵보다 더 고요한 말이 있고,
말보다 더 깊은 침묵이 있습니다.
정어는 단지 입을 단속하는 일이 아니라,
진실한 마음을 꺼내는 수행입니다.

내가 하는 말은
곧 내가 어떤 사람인지를
세상에 들려주는 이야기입니다.

오늘의 명상 구절

"바른말은 인연의 향기를 남긴다."
"정어는 세상을 맑히는
첫 번째 공양이다."

명상 77
정업 正業
바른 행동은 나의 인연을 닦는다

말이 씨앗이 되듯,
행동은 열매가 됩니다.
몸으로 짓는 모든 일은
그 사람의 깊은 마음을 드러냅니다.

남을 해치지 않고,
훔치지 않고,
바르지 못한 욕망에 끌리지 않는
바른 행위는
세상과 맺는 인연의 뿌리를 맑게 합니다.

정업은
말보다 조용하고,
생각보다 선명하며,
결국 삶을 가꾸는 손길이 됩니다.

오늘 내가 한 행동이

내일의 나를 만들어 갑니다.

오늘의 명상 구절

"몸으로 짓는 일은 마음의 발자국이다."

"몸은 곧 업의 붓끝, 행동은 그려지는 인연의 그림이다."

명상 78
정명 正命
바른 생업은 살아 있음에 대한 책임이다

내가 무엇으로 살아가느냐는
단지 직업의 문제가 아닙니다.
내가 어떤 마음으로 살아가느냐,
누구를 위해 무엇을 하는가가
생의 무게를 결정합니다.

정명은
탐욕과 속임수로 생계를 유지하지 않으며,
남의 고통 위에 자신의 안락을 쌓지 않고,
공덕과 이익이 함께 깃들 수 있는
삶의 방식입니다.

바른 생업은
곧 인연을 해치지 않고,
오히려 인연을 살리는 일입니다.
스스로를 살리되,
함께 살아가는 길을 선택하는 것.

그것이 바로 '정명'입니다.

오늘의 명상 구절

"살아감이 수행이 되게 하라."
"바른 생계는 내 삶의 도량이 된다."

명상 79

정정진 正精進
바른 정진은 끝없는 자비의 발걸음

한 걸음 한 걸음이
탐욕을 걷어내고,
어리석음을 비워냅니다.

정정진은
게으름을 벗고,
포기하려는 마음을 내려놓고,
언제나 바른길 위에 머무르려는
지속된 깨어있음입니다.

어둠이 깊어질수록
작은 등불 하나가 더 간절하듯,
세상 속의 정진은
한 사람의 수행이 아니라
모든 존재를 밝히는 길입니다.

오늘도 포기하지 않는 마음,

내일도 다시 일어서는 믿음,
그것이 정진입니다.

오늘의 명상 구절

"정진은 곧 자비다."
"쓰러짐보다 일어섬이 더 수행이다."

명상 80
정념 正念
바른 기억은 지금 이 순간에 깨어있음이다

마음은 끊임없이 흔들리고
지나간 일에 매이고
오지 않은 일에 끌립니다.

정념은
지금 여기,
숨 쉬는 이 찰나,
몸과 마음이 모두 깨어있는 상태입니다.

과거에 묶이지 않고,
미래에 끌려가지 않고,
지금의 나를
그대로 바라보고 인정하는 일.

정념은
기억을 바로잡는 것이 아니라
지금 이 순간을 완전하게 살아내는

지혜의 주춧돌입니다.

"지금 이 순간이 수행의 전부다."
"정념은 시간의 인연을 비추는 거울이다."

명상 81
정정 正定
바른 삼매는 흔들림 없는 연꽃이다

마음이 고요하면
세상의 소란도 다만 파도일 뿐,
본래의 물은 흐리지 않습니다.

정정은
바른 사유와 바른 정념 위에 피는
마음의 평정입니다.
산란을 멈추고,
집착을 내려놓고,
존재의 중심으로 향하는 깊은 집중.

그 집중 속에
나와 남이 없고,
좋고 나쁨이 없고,
오직 맑은 알아차림만이 남습니다.

그곳에서 비로소

세상은 괴로움이 아닌
연기의 신비로 피어납니다.

오늘의 명상 구절

"정정은 삶과 죽음을 관통하는 평정이다."
"고요 속에 깨어있는 자가 가장 멀리 본다."

깨달음과 불보살의 만남

명상 82

무명無明
어둠에서 비롯된 시작

태양이 떠오르지 않는 새벽,
하늘은 낮인지 밤인지조차 알 수 없는 어스름 속에 머뭅니다.
무명도 이와 같습니다.
내가 누구인지, 왜 고통을 반복하는지조차 알 수 없는
영혼의 어둠.
하지만 사람들은 그 어둠이 익숙하다며 살아갑니다.

"그냥 사는 거지, 다들 그렇잖아."
"남들도 다 그러니까."
"나는 원래 이런 사람이야."
이런 말들 속에는,
자신을 비추는 내면의 등불을 꺼두고 사는 익숙한 무지가 숨어 있습니다.

무명은 고통이 아니라,
고통이 고통인지조차 모르는 착각의 장막입니다.
내가 남 탓을 하고 있는지조차 모르고,
내 욕망이 날 삼키고 있는지도 모르고,

사라짐과 죽음에 대한 공포조차 언어 밖에 내몰고
그저 '살아진다'라고 말하는 상태.

하지만 부처님은 그 무명의 밤을 꿰뚫고
새벽을 여셨습니다.

무명을 직면하면
비로소 나를 얽어맨 인연의 실타래가 보이기 시작합니다.
나는 어쩌다 이렇게 살게 되었을까.
나는 지금 누구를 반복하고 있는 걸까.
지금의 이 마음은 어디서부터 시작되었는가.

그 질문 앞에 선 순간,
무명은 더 이상 어둠이 아닙니다.
깨달음의 새벽이 어슴푸레 피어오르기 때문입니다.

오늘의 명상 구절

"무명에서 비롯된 어둠은, 알아차림의 등불로 밝힌다."

명상 83

행 行

작용하는 마음, 업의 첫 물결

무명의 어둠이 짙게 깔리면,
그 어둠 속에서 움직임이 일어납니다.
그것은 단순한 움직임이 아니라,
무지를 바탕으로 한 의도意圖, 갈망, 습관의 흐름입니다.

무명은 혼자 존재하지 않습니다.
그 어둠 속에서 '이렇게 해야만 해'라는
어떤 의지의 동력이 생겨나고,
그것이 곧 **행行**입니다.

행은 마음의 작용이자
과거로부터 이어진 업의 씨앗입니다.
그 씨앗이 지금 이 순간에도
'나는 누구인지도 모른 채'
무엇인가를 원하고, 판단하고, 선택하게 만듭니다.

행은 무명에서 비롯된

자동 반응의 패턴이기도 합니다.

습관처럼 짓던 말,
반사적으로 내뱉은 화,
욕망이 당연한 듯 일으킨 소유욕.
그 모두가
무명의 밤 속에서 시작된 행위의 흔적들입니다.

하지만 그 작용을 알아차리는 순간,
우리는 업을 되풀이하지 않는 길을 선택할 수 있습니다.

부처님께서 12연기에서 무명 다음을 행으로 말씀하신 이유는
우리 삶의 고통이 알지 못하는 채로 작용하는 마음의 움직임에서 시작되기 때문입니다.

그래서 참된 수행은 행行의 의도성을 들여다보는 데서 시작됩니다.

오늘의 명상 구절

"알지 못한 채 반복하는 마음의 물결,
그 작용을 알아차릴 때 비로소 멈춤이 시작된다."

명상 84

식識

'나'라는 환영을 보는 의식의 눈

깊은 밤,
무명의 어둠에서
업의 바람이 일었습니다.
그 바람이 만든 방향 속에서
무언가를 '알아차리는 힘'이 깨어납니다.

그것이 **식識**입니다.
보는 식, 듣는 식, 냄새 맡는 식, 맛보는 식,
감촉을 느끼는 식, 그리고 생각하는 식.

육식六識이라 불리는
의식의 눈이 열리며
세상은 '존재'라는 껍질을 입습니다.

식識은 인연을 알아차리는 첫 깨어남입니다.
하지만
이 알아차림은 있는 그대로를 보는 것이 아닙니다.
과거 업의 인연 따라
이미 색깔을 입혀
보려는 것만 보고,
들으려는 것만 듣습니다.

식은 현실이 아니라,
업에 의해 구성된 인식입니다.
그래서
'식'은 진실을 보는 눈이 아니라
업이 그린 거울 속 허상을 보는 눈입니다.

…

너를 '좋다'고 인식했기에 집착이 생기고,
나를 '싫다'고 인식했기에 회피가 생기며,
세상은 식의 그림자 속에서
끊임없는 분별의 바다를 이룹니다.

…

오늘 나를 기쁘게 한 것도,
나를 화나게 한 것도,

모두 식識의 인연입니다.

그 인식의 기원을 따라가면,
언젠가는 나와 너의 경계마저 허물어질 것입니다.

오늘의 명상 구절

"식은 보는 눈이 아니라
업이 만든 안경이다."

"식이 깨어나는 그 순간부터
이미 '나'라는 환영은 만들어졌다."

명상 85
명색 名色
이름과 형상, 마음과 몸의 짝짓기

식識이 깨어나
'나'라고 인식되는 틀이 만들어지자,
그 인식이
이제 구체적인 모양을 갖추기 시작합니다.

그 모양은 두 갈래로 나뉘니,
하나는 '명名',
다른 하나는 **'색色'**입니다.

'명'은 형상 없는 마음의 작용,
느낌受, 지각想, 의지思, 접촉觸, 주의作意…
'색'은 형상 있는 육체의 바탕,
눈, 귀, 코, 혀, 몸이라는 다섯 감각 기관과
그 대상이 되는 물질의 세계.

마음과 몸이 처음으로
짝지어 인연을 맺는 자리,

그것이 명색입니다.

…

명색은 말합니다.
"이제 너는 단지 의식이 아니야,
감정을 느끼고,
모양을 인지하고,
사물에 이름을 붙이고,
몸으로 반응하는 존재가 되었어."

그리하여
이제 우리는
보이는 것을 이름 붙이고,
느끼는 것을 좋고 나쁨으로 나누며,
몸과 마음으로 반응하기 시작합니다.

이 모든 것이
명색의 인연입니다.

…

명색은
'몸'과 '마음'의 뿌리가 아닙니다.

그보다는,
그 둘이 서로에게 기대어 존재하게 되는 경계,
'나'라는 감각이 생겨나는 지점입니다.

...

오늘 하루
나는 무엇을 보고,
어떤 감정을 느끼며,
어떤 이름을 붙이고 살고 있나요?

그 모든 것이
명색의 바다 위를 지나가는 물결일 뿐입니다.
물결에 휘말리지 말고,
그 흐름을 자각하세요.

오늘의 명상 구절

"나는 몸이 아니다, 마음도 아니다.
몸과 마음이 인연 따라 스쳐간 자리일 뿐."

"명名은 이름 붙인 마음,
색色은 대상이 된 몸.
이 둘의 만남이 '나'라는 생각을 만든다."

명상 86
육입六入
여섯 개의 문, 세상을 들이다

명색이 갖추어진 그다음,
몸과 마음은
세상과 마주하기 위한 문을 엽니다.

눈, 귀, 코, 혀, 몸, 마음.
그리고
색, 성, 향, 미, 촉, 법.
감각의 기관과 대상,
그 사이를 연결하는 여섯 개의 통로.

이것이 **육입六入**입니다.
육근六根이 대상과 연결되며
세상과 '나' 사이에 관계의 통로가 생깁니다.

...

육입은 말합니다.
"너는 이제 세상과 연결되어 있다."

보는 것에 따라 기뻐하고,
듣는 것에 따라 흔들리며,
냄새와 맛, 감촉, 생각에 따라
움직이고, 반응합니다.

세상은 그 여섯 문을 통해 들어옵니다.
그리고
그 문을 통해
세상은 '내가' 되어버립니다.

…

하지만
그 문이 진짜로 열렸을까요?
열린 것은
바깥세상이 아니라,
내 마음 안의 취향과 습관, 업식業識입니다.

우리가 본 것은 사물인가요,
아니면
사물을 통해 비춘
내 마음의 그림자인가요?

…

오늘 하루
당신은 무엇을 보고,
무엇을 듣고,
무엇에 반응하셨나요?

그 모든 '문'을 통해
들어온 것은 세상이 아니라,
당신의 마음입니다.

그 문 앞에
잠시 멈추어 서세요.
멈추는 것이
참된 열림의 시작입니다.

오늘의 명상 구절

"육입은 세상을 여는 문이 아니라,
내가 지은 업을 확인하는 창이다."

"눈으로 보는 것은 세상,
그것에 반응하는 것은 업의 나무."

"문이 있다는 건,
들어오는 것보다
빠져나가는 것을 먼저 알아차리라는 부처님의 가르침."

명상 87

촉觸

인연이 닿는 그 찰나

❖

문이 열리자
그 문을 통해
세상과 내가 닿았습니다.
눈으로 보고,
귀로 듣고,
살결로 느끼며
'내가 여기에 있다'는 감각이
또렷하게 일어납니다.

그 순간을
촉觸이라 합니다.

...

촉은 단순한 '닿음'이 아닙니다.
눈根 + 형상境 + 보는 마음識이
서로 만나 만들어내는,

삼자의 결합입니다.

눈으로 대상이 비추고,
그것을 알아차리는 의식이 작용할 때
비로소 촉이 성립됩니다.

이 만남은 중립적이지 않습니다.
기억과 감정, 업식의 그림자가
그 촉을 통해 함께 일어납니다.

그래서
동일한 사물도 누구는 좋아하고,
누구는 싫어하며,
누구는 무심히 지나칩니다.

…

촉은 씨앗입니다.
다음 단계인 '느낌受'과
'집착愛'의 뿌리를 내리는
첫 번째 땅입니다.

이 작은 '닿음' 하나가
사랑을 만들고, 미움을 만들고,

집착과 번뇌를 싹틔웁니다.

...

오늘, 당신은
무엇에 닿았나요?
그 닿음이 만든 감정의 파동을
그저 따라가셨나요,
아니면
그 파동을 지켜보셨나요?

촉을 알아차릴 때,
우리는
더 이상 반응하는 존재가 아니라
자각하는 존재로 거듭납니다.

오늘의 명상 구절

"촉은 인연이 닿은 자리에서
업이 반응하는 첫 울림이다."

"보는 것 자체가 문제가 아니다.
보면서 생긴 느낌이 문제다."

"촉을 알아차리는 순간,
감정은 뿌리부터 잦아든다."

명상 88
수受
느낌, 마음에 이는 첫 물결

❖

촉觸이 닿는 그 순간,

마음은 느낌을 일으킵니다.

좋다, 싫다, 무덤덤하다.

그 짧은 찰나의 인상,

그 미세한 반응이

마음을 움직이기 시작합니다.

그것이 바로 수受,

느낌입니다.

...

수는 반응입니다.

보자마자,

듣자마자,

느끼자마자

일어나는 자동적인 감각.

어떤 대상은
기분을 좋게 만들고,
어떤 말은
화나게 하며,
어떤 상황은
불편하게 느껴집니다.

그 모든 반응의 근거는
지금 이 순간이 아닌,
과거의 업과 기억의 흔적들입니다.

…

그래서 수는
객관이 아니라,
업으로 색칠된 감정의 반사작용입니다.

문제는,
우리는 그 느낌을
곧바로 '진실'로 착각한다는 점입니다.

좋은 느낌이 오면 집착하고,
싫은 느낌이 오면 회피하고,
무덤덤한 느낌에는

무지로 돌아섭니다.

이렇게
수受는
'애愛'의 씨앗이 되어
다음 인연을 끌어오게 됩니다.

…

오늘 하루
당신은 얼마나 많은 '느낌' 속에 있었나요?
그 느낌이
마음의 평화를 가져왔나요,
아니면 또 다른 욕망과 번뇌를 불러왔나요?

느낌을 따라가지 말고,
그 느낌을 지켜보세요.
그때, 비로소
수受는 지혜의 문이 됩니다.

오늘의 명상 구절

"느낌은 진실이 아니라 반응이다."

"좋다거나 싫다는 마음의 그림자이지,
그 자체가 세상은 아니다."

"느낌을 따라가지 않으면,
우리는 자유다."

명상 89
애愛
마음이 달라붙는 그 순간

느낌은
그 자체로 흘러가야 할 파도였습니다.
그러나 우리는
그 파도를 붙잡고,
그 위에 머무르려 합니다.

기분 좋았던 그 말,
눈을 뗄 수 없던 그 장면,
마음이 저절로 끌린 그 순간…

그 모든 느낌이
"더 갖고 싶다",
"계속 느끼고 싶다",
"없어지지 않게 하고 싶다"
하는 **갈망愛**으로 변합니다.

...

애愛는 집착입니다.
좋은 것에는 **탐貪**으로,
싫은 것에는 **진瞋**으로,
무지한 것에는 **치癡**로 반응합니다.

사람에게 달라붙고,
감정에 달라붙고,
기억에 달라붙습니다.

그러다
그 애착이
고苦의 뿌리가 됩니다.

...

애愛는 말합니다.
"이대로 멈추지 마.
계속해서 더 원하고, 더 잡아."

그러나 부처님은 말씀하십니다.
"애는 물을 마셔도 갈증이 더해지는 상태다."
갈증을 진짜로 멈추는 길은
마시는 것이 아니라

갈망의 뿌리를 알아차리는 것입니다.

…

오늘 나를 가장 사로잡았던 것은 무엇이었나요?
그것은 사람이었나요, 말이었나요, 감정이었나요?

그 달라붙음이
기쁨을 주었더라도,
그 끝에는 언젠가
잃음의 슬픔이 기다릴 수 있습니다.

달라붙는 대신,
놓아보는 연습,
바라만 보는 자각,
그것이 수행입니다.

오늘의 명상 구절

"애는 마음이 달라붙는 첫 집착이다."

"좋은 감정이 아닌,
그 감정에 머무르려는 마음이 괴로움의 씨앗이다."

"버리라는 게 아니다.
애愛를 알아차리라는 것이다."

명상 90

취取
움켜쥔 마음, '나'의 탄생

애愛는 갈망이었습니다.
그 갈망이 깊어지고 반복되면,
이제는 붙잡고 놓지 않으려는 마음,
'내 것'이라 주장하며
쥐고 있는 상태가 됩니다.

그것이 **취取**입니다.

…

취는 움켜쥠입니다.
사람을 붙잡고,
생각을 붙잡고,
감정을 붙잡고,
신념을 붙잡습니다.

지금의 나,
내가 가진 것,

내가 믿는 것,

내가 원하는 것을

'진짜 나'처럼 여기는 마음.

이쯤에서

'나'라는 고정된 자아가 생겨납니다.

...

이제 나는

내 생각과 내 감정,

내 사람과 내 물건,

내 역할과 내 기억 속에

동일시同—視 되어 살아갑니다.

"이건 내 생각이야."

"난 원래 이런 사람이야."

"이건 절대 포기 못 해."

라는 말들은,

이미 **취取**에 깊이 물든 표현입니다.

...

이처럼

취는 단순한 집착이 아니라,

'나'를 만들고 고정시키는 힘입니다.

그 취 위에
다음 연기인 **유有, 존재**가 자리 잡고,
그 존재는 다시
생生과 **노사老死**의 고통을 이끌어옵니다.

...

오늘,
나는 무엇을
놓지 못하고 있는가?

그 붙잡음이
정말로 나를 지켜주는가?
아니면
그 붙잡음이
나를 괴롭게 하고 있는가?

쥐는 것보다
놓는 쪽이 더 큰 용기입니다.
잠시라도
손을 펴고, 마음을 놓아봅시다.

오늘의 명상 구절

"쥐는 단지 쥐는 것이 아니라,
'나'라고 믿는 시작이다."

"내가 쥐고 있는 것이
진실인가,
아니면
두려움인가?"

"붙잡는 순간,
고통은 자리를 잡는다."

명상 91

유 有
존재한다는 착각, 고苦의 씨앗

붙잡은 것은
곧 나의 일부가 됩니다.
취取가 굳어지면,
그 쥐고 있는 상태 자체가
존재有로 굳어집니다.

이제 우리는 말합니다.
"나는 이런 사람이야."
"이건 나의 삶이야."
"나는 이런 운명을 타고났어."

그 말속에는
이미 하나의 '존재의 틀',
나라는 고정된 실체가 들어서 있습니다.

...

유(有)는 존재한다는 상태이면서,
동시에 그 존재가
다음 생을 부르는 원인이 됩니다.

이생에서의 고정된 자아는
다음 생으로 이어지는 다리가 되고,
지금 이 순간의 집착은
다음 순간의 탄생을 이끕니다.

부처님은 말씀하셨습니다.
"유가 있으므로 인해 생이 있고,
생이 있으므로 인해 늙고 죽음이 있다."

...

유는 단순한 존재의 상태가 아니라,
고통이 반복될 수밖에 없는
운명의 회로를 설정하는 것입니다.

"나는 이래야 해."
"나는 이런 삶을 살아야 해."
"나는 이 사람 없이는 안 돼."

이런 말들은
모두 '유'의 작용입니다.

존재에 대한 강한 확신은
고통에 대한 강한 매듭이 됩니다.

...

나는 지금
어떤 '나'로 존재하고 있나요?

그 '존재'는
스스로 선택한 것인가요,
아니면
쥐어준 업의 손에 들려진 것인가요?

존재에 대한
깊은 성찰은,
존재로부터의 자유를 가능하게 합니다.

오늘의 명상 구절

"유는 나라는 이름으로 세워진
고통의 집이다."

"존재한다는 그 생각이
번뇌를 반복하게 한다."

"나는 없다.
다만 인연 따라 그렇게
드러날 뿐이다."

명상 92
생生
'나'의 출현, 인연의 열매

존재有가 굳어지면
마침내 하나의 열매가 맺힙니다.
그것이 바로 생生,
탄생입니다.

'나'라는 감각이
더 이상 흐름이 아닌
확고한 실체로 여겨지는 순간,
고통의 여정은 본격적으로 시작됩니다.

생은 단지
태어나는 것만을 의미하지 않습니다.
'새로운 나'가 매 순간 생겨나는 것,
그 하나하나가 **생生**입니다.

…

사람은 한 번만 태어나지 않습니다.
누군가를 향한 집착이 깊어질 때,
자존심이 상해 분노가 일어날 때,
절망 속에서 새로운 희망을 움켜쥘 때조차도
나는 다시 태어납니다.

그 순간,
그 감정,
그 집착 위에
'또 다른 나'가 만들어지고 있습니다.

…

생이 있음은,
곧 **노老와 사死**가 기다리고 있음을 의미합니다.
태어난 것이라면,
반드시 늙고 병들고, 사라지게 됩니다.

그리하여 생은
축복이자 동시에
고통의 문턱입니다.

…

오늘 나는
무엇 위에 다시 태어났는가?

욕망 위에?
두려움 위에?
자존심 위에?
혹은
비움과 자각의 바탕 위에?

지금 이 순간이 바로
새로 태어나는 문입니다.
무엇으로 다시 태어날지를
스스로 선택하십시오.

오늘의 명상 구절

"생은 인연이 만든 허상의 결정체다."

"나는 지금 몇 번째 나로 태어나
이 감정 속에 살고 있는가?"

"태어났다는 건,
이미 사라질 준비를 마친 것이다."

명상 93
노사 老死
늙음과 죽음, "모든 생은 사라짐을 향해 간다."

늙는다는 것은
천천히 사라지는 법을 배우는 일입니다.
검었던 머리칼은 서리 내린 들판이 되고
생기 있던 눈빛은
조용히 깊은 산처럼 가라앉습니다.

죽는다는 것은
그 사라짐의 끝에 선 문턱입니다.
무수한 생의 파도가 흘러간 끝,
지금의 나도 또 하나의 파문으로
고요한 바다에 스며듭니다.

부처님은 보셨습니다.
태어남이 있기에 늙음과 죽음이 있고,
존재에 대한 집착이
결국 고苦의 씨앗임을.

그러나 늙고 죽는 것이
슬픔과 절망의 끝은 아닙니다.
그것은 모든 인연이 끝나
해탈을 향해 나아가는 마지막 단계.

무상함을 온몸으로 체험할 때,
비로소 우리는
'지금'이라는 시간의 기적 앞에 겸허해지고
삶과 죽음을 두려움 없이
있는 그대로 받아들일 수 있습니다.

오늘의 명상 구절

"늙음은 놓아줌을 배우는 시간이고,
죽음은 끝이 아닌 자유의 문이다."

명상 94

관세음보살

(세상의 모든 소리를 듣다)

세상엔 말로 다 담을 수 없는 울음이 있습니다.
눈물조차 마른 슬픔,
입 밖으로 낼 수 없는 고통,
그 모든 소리를 듣는 분이 계십니다.

바로,
관세음보살.

세상의 소리를 관觀하고,
그 소리에 귀 기울이며 음音을 들으시는 자비의 귀.

그분은
아주 조용한 이의 한숨도,
고요 속에 스치는 마음의 파문도
놓치지 않고 들어주십니다.

그러니 우리가 누군가의 괴로움을 들을 때,

그냥 '듣는 것'이 아니라,
'들어주려는 마음'이 깃들었다면
그 안에 이미 관세음보살이 계신 것입니다.

내가 오늘 누군가의 말을 진심으로 들어주었다면,
그 인연 속에
보살이 함께하신 것입니다.

관세음보살의 대자비는
먼 불국토의 이상이 아니라
삶의 어느 모퉁이에서 들리는 작고 진실한 울음소리 앞에
멈춰 선 바로 그 마음입니다.

들으려는 마음,
들려는 귀,
들림을 허락한 인연.

그 세 가지가
우리를 관세음보살과 이어줍니다.

오늘의 명상 구절

"듣는 순간, 우리는 이미 하나입니다."

"당신이 듣는 그 마음이 관세음입니다."

"울음은 멀리 있지 않다, 곁에서 들린다."

명상 95
보현보살
(행원으로 피어나는 삶)

지극한 서원이 있습니다.
마음속에 피어난 그 서원은
가만히 앉아 있는 것이 아니라
일어나 걸어가는 길이 됩니다.

그 길의 이름은
보현보살 普賢菩薩.

보현의 가르침은 행입니다.
말보다 앞서 행동하고,
생각보다 먼저 실천하는 것.

고요한 생각을 깨우는 손짓,
멈춰 있던 마음을 움직이는 발걸음 ─
그 모든 실천이
보현보살의 향기입니다.

많은 이들은 인연을 말로만 맺습니다.
그러나 보현보살은
그 인연을 직접 걷고,
몸으로 껴안고,
한 발 한 발 실천으로 피워냅니다.

인연은 실천을 통해
비로소 살아 숨 쉬게 됩니다.

오늘 내가 누군가의 괴로움에 다가가 손을 내밀었다면,
내가 기꺼이 불편함을 감수하며 도움을 주었다면,
그 순간
보현보살이 나를 통해 행을 이뤄가신 것입니다.

인연의 깊이는
말의 무게가 아니라,
행의 자취로 남습니다.

행 없는 인연은 꽃이 피지 못하고,
행으로 맺어진 인연은
시간을 건너 피어나는 연꽃입니다.

오늘의 명상 구절

"행동은 침묵보다 더 깊은 기도입니다."

"서원은 마음속에서 피어나, 발아래로 흘러갑니다."

"말하지 않아도, 걷는 뒷모습이 보현입니다."

명상 96
지장보살
(깊은 맹서 속에서)

지옥이 다 비워지기 전에는
나는 결코 성불하지 않으리라 —
지장보살의 서원은
세상의 가장 어두운 밑바닥을 향한
깊은 사랑의 다짐이었습니다.

누구도 대신 가주지 않는 그곳,
누구도 바라보려 하지 않는 그 마음의 지옥에
지장보살은 홀로 들어서셨습니다.
그곳에 있는 한 생명을 위해
천 번이고 다시 태어나기를 맹세하셨습니다.

지옥이 다할 때까지 머물겠노라는
그 서원은 무거운 것이 아니라
가장 가벼운 자비였습니다.
한 존재의 괴로움이 곧 나의 괴로움이라는
일심동체의 자각이었습니다.

어쩌면 우리도
살면서 무수한 마음의 지옥을 통과합니다.
자책과 후회, 상실과 분노,
버려졌다는 슬픔과
홀로라는 절망 속에서
나조차 나를 버린 그 자리 ―

바로 그곳에 지장보살은 다가오십니다.
말없이 손을 잡아주시고,
등을 쓰다듬으며 말씀하십니다.
"너를 내가 끝까지 안고 가겠다."
그 말씀에 울지 않을 인연이 어디 있으랴.

지장보살은
우리가 스스로를 구원하지 못할 때,
어느 누구도 손을 내밀지 않을 때
먼저 찾아오시는 존재입니다.
그 자비는 무섭도록 조용하고
그 기다림은 끝이 없습니다.

지옥이 텅 빌 때까지
한 존재도 놓지 않겠다는 마음 ―
그것이 지장보살의 길이며,

또한 우리가 걸어야 할 길입니다.

오늘의 명상 구절

"지옥이 다 비워질 때까지,
나는 끝까지 너를 안고 가리."
— 지장보살의 서원처럼,
나 또한 한 사람의 고통에
외면하지 않겠습니다.

명상 97
약사여래불
(푸른 빛, 고통을 덮다)

그대가 아파 눈물짓는 밤,
하늘 어디선가
푸른 약사유리광이
은은하게 내려오고 있었음을
그대는 아는가요?

약사여래불은
몸의 병만 고치는 부처님이 아닙니다.
마음의 병,
인연의 병,
업業의 병까지도
치유하는 부처님입니다.

그대가 지닌 상처의 흔적들,
말하지 못한 깊은 후회들,
미워서가 아니라 아파서
소리 지르던 그 날의 기억들 —

그 모든 병듦 위에
약사여래불의 유리광琉璃光은
조용히, 부드럽게
덮여옵니다.

"나는 그대의 병을 안다.
하지만 그 병은
그대의 죄가 아니며
그대의 잘못도 아니다."
그 한마디가
온몸의 고통을 덜어주는 약이 됩니다.

약사여래는
동방정유리광세계의 본존으로
12대 원願을 세우셨습니다.
그 서원 가운데 첫 번째는
"모든 중생의 몸과 마음을
온전히 회복시키겠다"라는 맹세였지요.

그렇기에 우리는,
병든 인연 속에서도
고통의 순간 속에서도
약사여래불을 향해

손을 모을 수 있습니다.

지금 이 순간,
당신이 앓고 있는 것이
몸이든, 마음이든, 업이든 —
당신을 위하여
푸른 빛이 흐르고 있습니다.

당신이 기도할 때
기도보다 먼저 다가오는 자비가 있으니,
그 이름, 약사여래불입니다.

오늘의 명상 구절

"그대의 병듦 위에
내 푸른 자비의 빛이 조용히 내려앉기를."
— 약사여래의 유리광처럼
나도 누군가의 상처를
덮어줄 수 있는 사람이 되겠습니다.

명상 98
아미타불
(끝없는 생명을 품은 부처님)

세상 모든 생명이
태어나고 죽는 유한 속에서
오직 한 존재만이
무한의 이름으로 우리 곁에 계십니다.

그분의 이름은 아미타불,
무량광無量光, *무량수無量壽*의 부처님 —
빛에는 끝이 없고,
목숨에는 한계가 없으니
그 빛은 헤매는 중생을 비추고,
그 생명은 꺼져가는 인연을 다시 살립니다.

어둠 속에서도
아미타불을 부르면
눈앞이 환해지고
텅 빈 마음에도
연꽃 한 송이가 피어납니다.

그 이름 속에는
극락의 서원이 담겨 있습니다.
"나의 이름을 믿고 염하면
누구든지 저 너머의 고통에서 벗어나
평안과 해탈의 땅으로 인도하리라."

믿음 하나로,
염불 하나로,
극락의 문이 열리니
가장 쉬운 길이면서도
가장 깊은 자비의 문입니다.

살다 보면
믿고 싶어도 믿기 어렵고
기도하고 싶어도 말이 나오지 않을 때가 있습니다.
그럴 때는
그저 조용히 '나무아미타불'을 염하십시오.
말은 없더라도
그 부름 안에
아미타불은 이미 오십니다.

그대의 번뇌와 갈등과 병듦까지
전부 끌어안고

그대로 품어주시는 부처님 —
그분이 바로
아미타불입니다.

오늘의 명상 구절

"그대가 나를 부르기 전부터,
나는 이미 그대 곁에 있었노라."
— 아미타불의 무량광은
오늘도 묵묵히
그대를 비추고 있습니다.

아미타불 찬불게송 讚佛偈頌

《무량광, 무량수의 부처님께》

나무아미타불,
끝없는 빛으로 중생을 비추시고
한없는 생명으로
우리의 생사고해를 건너게 하소서.

어둠 짙은 인연마다
극락의 연꽃을 피우시고
죽음 너머의 두려움조차
자비의 손길로 감싸주소서.

삼세 모든 부처님 가운데
중생을 가장 깊이 품으시는 이여,
내 작은 믿음에도
큰 자비로 응해주소서.

마음이 흐려져
삶이 헝클어질 때도
"나무아미타불" 그 이름 부를 때
극락의 문은 조용히 열립니다.

이 몸이 어디 있든지
이 마음이 어디 떠돌든지
부디 그대의 무량광 속에
나를 머물게 하소서.

지금 여기,
고통과 갈등의 세상 속에서도
염불하는 인연 따라
평화의 연꽃이 피어나기를 빕니다.

나무아미타불
나무아미타불
나무아미타불

명상 99

반야의 지혜로 공문空門에 들다

세상에는 수많은 문이 있다.
닫히는 문, 잠그는 문, 통제하는 문,
권위와 불안, 갈등과 탐욕이 만든 문들이다.
하지만 수행자의 길에 놓인 문은 하나,
형상이 없기에 문조차 없는 문,
공空의 문이다.

그 문은 외롭지도 않고, 막히지도 않으며,
들어가는 이도 없고, 나오는 이도 없다.
그럼에도 불구하고
마음이 고요해지면
저절로 그 문 앞에 선다.

그 문을 여는 열쇠는 없다.
오히려 모든 열쇠를 내려놓을 때
문은 스스로 열린다.

그 문을 통과하려는 자는

자신을 내려놓아야 한다.
지식도, 이름도, 공로도,
사랑받고 싶은 마음도,
어떤 고통도 누군가의 탓이라 여기던 마음도.

"반야야 반야야, 건너가는 지혜여!"
내 마음 깊은 곳에서
목소리 하나 울려온다.
그 소리는 나를 비우라고 한다.
그 소리는 나를 잊으라고 한다.
그 소리는 나를 살리기 위해
내가 죽어야 한다고 속삭인다.

나는 그 속삭임을 따라 한 걸음 내디딘다.
그 한 걸음이
천년의 무명을 허물고
억겁의 인연을 끊는다.

공문 안으로 들어간 나는
거기서 나 아닌 나를 만난다.
모든 것을 내려놓은
가장 순전한 존재,
탐하지 않고, 거부하지 않으며,

세상을 있는 그대로 바라보는 맑은 눈동자 하나.

그가 바로
내 안의 또 다른 나,
반야의 빛을 품은 나였다.

그와 마주한 순간
나는 더 이상
소유를 바라지 않고,
이름을 부르지 않으며,
증명하려 하지 않는다.

나는 단지 존재한다.
공기처럼, 햇살처럼, 바람처럼.
흘러가고 머물지 않으며,
깊어지고 얽매이지 않으며.

공문은 단지 통로가 아니라
모든 생명과 진리의 자궁이었다.
그 문을 통해 나오는 자는
다시 태어난다.
이전보다 덜 집착하고,
이전보다 더 가볍고,

이전보다 더 사랑할 수 있게 된다.

오늘의 명상 구절

"모든 것이 비어 있음에서
모든 것이 피어난다."

"형상이 없음에서
참된 얼굴이 드러난다."

"지혜는 가르치지 않지만
그대는 깨닫게 될 것이다."

"반야의 등불을 따라
그대는 문 없는 문을 지나
마침내, 자신을 만난다."

명상 100
화엄경의 길, 선재동자의 구도

「심로무애心路無礙, 여래지견如來知見」
– 마음의 길은 막힘이 없고,
모든 것은 부처의 지혜에서 비롯된다.

인연 따라 천 리를 걸어도
선재의 발자국은 공을 따라 흐르고
공을 따라 흐른 그 자리에
부처의 향기, 법의 그림자가 드리운다.

선재동자가 53선지식을 찾아가는 여정과도 잘 어우러지며,
"모든 만남이 곧 수행의 장이며, 인연 속에 부처의 길이 있다."라는
《화엄경》의 연기와 원융무애 사상을 함축하고 있습니다.

세상은 인연으로 이루어진 거대한 그물입니다.
그 한 올, 한 올마다
또 다른 나와의 만남이 숨 쉬고 있습니다.
화엄의 세계는 그 인연의 무한함을 가르쳐 줍니다.

선재동자는 묻습니다.
"어떻게 해야 보리심을 내고,
어떻게 해야 깨달음에 이를 수 있습니까?"

그 물음 하나로,
그는 먼 길을 떠났습니다.
세속을 벗어난 것도 아니고,
세상에 물든 것도 아닌,
그저 물음이 그의 발걸음이었습니다.

처음 만난 스승은 말했습니다.
"이 마음이 곧 부처니, 네 마음을 살피거라."
선재는 다시 길을 나섰습니다.

어떤 이는 항해하는 뱃사람이었고,
어떤 이는 기생이었으며,
어떤 이는 숲속에서 꽃을 가꾸는 동자였고,
어떤 이는 깊은 선정 속의 수행자였습니다.

그 모든 이들은
누구나 스승이 될 수 있음을,
누구나 부처를 품고 있음을 보여주었습니다.

선재동자의 길은
지식을 얻는 길이 아니었습니다.
자신의 마음이 일어나는 자리마다
거기 스승이 있었고,
거기 깨달음이 숨 쉬고 있었습니다.

53명의 선지식은
각기 다른 모습, 다른 업을 지녔지만,
모두가 하나의 진리를 전하고 있었습니다.

"모든 존재는 연기되어 서로를 이루며,
그물처럼 얽혀 있는 세계 속에
그대는 늘 부처의 중심에 서 있다."

이것이 화엄입니다.
'하나가 곧 모두요,
모두가 곧 하나'임을 보게 되는 길.

선재동자가 마지막으로 다다른 곳,
그곳은 문수보살이 말없이 앉아 있는 자리였습니다.
그 어떤 말도 필요 없었습니다.
길의 끝에서 그는 알았습니다.
자신이 걸어온 모든 여정,

그 모든 인연과 만남이
곧 자신이었음을.

그리고 마음 깊이 읊조립니다.
"나를 가르친 모든 이는 부처였고,
내가 걸어온 모든 길은 법문이었으며,
나를 일으킨 모든 인연은 자비였습니다."

그 길 위에 선 나,
지금 만나는 너,
우리는 모두
화엄의 세계 안에서 서로를 밝히는
한 송이 연꽃입니다.

오늘의 명상 구절

"부처는 멀리 있지 않았다.
그는 내가 묻는 마음 안에 있었고,
그 마음을 깨우는 인연 속에 머물러 있었다."

"스승은 밖에 있지 않았다.
스승은 바로, 인연이었다.
내게 다가오는 모든 인연 속에,
부처님이 말을 걸고 계셨다."
"하나가 모두이며,
모두가 하나이니,
세상의 모든 길은 깨달음으로 향한다."

명상 101
금강경의 길, 모든 집착을 부수는 지혜

"응무소주 이생기심應無所住 而生其心"
— 어느 것에도 머무르지 말고
마음조차도 머무르지 말라.

《금강경金剛經》은
모든 견해와 개념,
심지어 '깨달음'이라는 말조차
부수라고 합니다.

깨달음에 머물면
그 또한 허망하고,
자비에 머물면
그 또한 그림자라 하였습니다.

그러니
마음을 낼 때도
집착하지 말고,
무심無心의 자비로

세상을 건너라 말씀하십니다.

금강金剛은
가장 단단한 보석이자,
모든 집착을 끊는 무형의 검입니다.
그 지혜의 칼로
'나'라는 아상我相을 끊고,
'타인'이라는 인상人相을 지워내며,
'법'이라는 법상法相조차 놓게 됩니다.

그리하여 결국
이 세상의 모든 이름과 모양이
텅 빈 허공임을 자각하게 됩니다.

하지만 이 공空은
무정한 허무가 아니라
모든 것을 다 담을 수 있는
위대한 여백입니다.
텅 비었기에,
끝없이 줄 수 있습니다.

마침내
부처님은 말씀하십니다.

"너는 이미 건넜다.
배도 없고, 건넌 이도 없으며,
건너야 할 강조차 없노라."

《금강경》의 길은
형태를 따라가지 않으며,
말에 기대지 않고,
그저 '지금 이 순간의 깨어있음'으로
세상을 관조합니다.

그대가 지금
무엇에 얽매이고 있다면 —
그대 안에 이미
금강의 칼이 있으니,
조용히 꺼내어
스스로를 놓아주십시오.

오늘의 명상 구절

"모든 형상은 헛것이라
형상이 있는 것은 곧 그것이 공이다."
―《금강경》
마음이 붙잡힌 곳을 놓을 수 있을 때,
진정 자유로운 자가 됩니다.

명상 102

법화경의 길, 모든 중생에게 열리는 하나의 불승

"오직 하나의 길만이 있으니,
모든 중생이 불도를 이룰 수 있느니라."
―《묘법연화경妙法蓮華經》

《법화경》은 선언합니다.
깨달음의 문은
누구에게나 열려 있으며
누구든 부처가 될 수 있다고.

지금 방황하는 이도,
세속에 찌든 이도,
죄를 범한 이도,
무명 속에 사는 이조차도
그 마음 깊은 곳에는
부처의 씨앗이 있다고 말입니다.

부처님은《법화경》에서
말을 바꿔 말씀하십니다.

이전의 모든 가르침은
단지 방편일 뿐,
진실한 길은
오직 **하나의 불승佛乘**이라 하셨습니다.

그 하나의 길은,
"모두가 부처가 될 수 있는 길"입니다.
차별 없이, 조건 없이,
어떤 이도 배제하지 않는
온전한 자비의 길입니다.

연꽃은 진흙 속에서 핍니다.
혼탁하고 고통스러운 이 삶이
바로 깨달음의 터전임을
《법화경》은 말합니다.

가장 어두운 자리에서
가장 맑은 마음이 피어오르고,
세속의 슬픔을 끌어안고
깨달음의 향기가 피어납니다.

이것이
법화의 연꽃입니다.

우리는 때로
"나는 안 될 거야"라는
깊은 절망에 빠집니다.
하지만
《법화경》은 우리 손을 잡고
다시 말해줍니다.

"너 또한 부처가 될 수 있다.
지금 이대로,
이 자리에서."

오늘의 명상 구절

"모든 중생에게 불성佛性이 있다.
연꽃은 진흙 속에서 피어난다."
―《법화경》
당신의 삶도 이미
부처가 되기 위한 연꽃을 틔우고 있습니다.

명상 103

열반경의 길, 사라짐이 아닌 머무름의 지혜

"여래는 사라지지 않는다.
그대의 법 속에 항상 머무르리라."
―《대반열반경大般涅槃經》

열반涅槃은
끝이 아니라
또 다른 시작입니다.

죽음을 의미하지 않습니다.
모든 괴로움에서 벗어난
완전한 자유의 상태,
탐욕도, 분노도, 어리석음도
그 자취조차 사라진 자리 ―
그곳이 바로 열반입니다.

《열반경》은
부처님의 마지막 가르침이자
마지막 숨결입니다.

그러나 그 말씀은
슬픔이 아니라 희망의 불꽃입니다.

"내가 떠난다고 슬퍼하지 마라.
진정한 나,
진정한 부처는
모양 아닌 '법' 속에 머물러 있다."

부처님의 말씀이
마지막에 이르러
가장 투명해지고
가장 평등해집니다.

모든 중생은 불성을 지녔다.
너도, 나도, 그도 —
깨달음의 씨앗은
이미 각자의 마음 안에 있다.

우리는 자주 묻습니다.
"부처님은 어디 계십니까?"
《열반경》은 대답합니다.
"네가 깨어있는 그 마음속에 있다."

삶은 떠남과 만남의 연속입니다.
이별은 곧 변화이며
변화는 곧 성숙이며
성숙은 곧 자유입니다.

열반의 길은
모든 생을 긍정하는 길입니다.
"괴로움이 끝났으니,
이제 더 이상 괴로워하지 않아도 좋다"는
그 한마디를 위해
부처님은 이 세상에 오셨습니다.

오늘의 명상 구절

"여래는 사라지지 않는다.
진리로 살아 있는 이여, 그대가 곧 나다."
―《열반경》
이제는 부처님의 길을
당신이 이어갈 차례입니다.

6부 — 회향과 마무리

명상 104

마음 알아차림, 지금 이 순간의 나를 마주하기

나는 지금
무엇을 느끼고 있는가.
무엇을 생각하고 있는가.
무엇에 흔들리고 있는가.

마음은
끊임없이 움직입니다.
과거를 돌아보고,
미래를 염려하며,
눈앞의 현실을 해석하고,
감정에 물들어
나도 모르게 흘러갑니다.

수행은
그 마음을 없애려는 것이 아닙니다.
그저
그 마음을 '알아차리는 것'에서
시작됩니다.

"아, 내가 지금 분노하고 있구나."
"아, 내가 지금 두려움을 느끼는구나."
"아, 내가 지금 사랑받고 싶어 하는구나."
그것을 있는 그대로
조용히 바라보는 것 —
그것이 바로 '마음 알아차림'입니다.

그렇게 알아차릴 때,
마음은 더 이상
나를 이끌지 못합니다.
나는 마음의 주인이 되고,
그 감정은 고요히 가라앉습니다.

어쩌면
깨달음은 거창한 것이 아닙니다.
지금 내 마음을
정직하게 바라보는 것,
그것이 수행의 시작이자 끝입니다.

오늘 하루
몇 번이라도
조용히 나에게 물어보세요.
"지금, 나는 어떤 마음으로 살고 있는가?"

그 질문 하나로
당신의 하루는
더 깨어있고,
더 자유로워질 것입니다.

오늘의 명상 구절

"마음을 없애려 하지 말고,
마음을 알아차려라.
알아차림 속에
진실한 나가 깨어난다."

명상 105
멈춤의 지혜, 고요함 속에서 피어나는 삶

달리는 것이 능사는 아닙니다.
멈춘다는 것은
게으름이 아니라
깨어남의 시작입니다.

하루에도 우리는
수없이 달리고,
수없이 반응하고,
수없이 떠밀리듯 살아갑니다.
해야 할 일,
지켜야 할 관계,
미뤄온 감정들 속에서
내 마음은 쉴 틈이 없습니다.

그때 필요한 것이
'멈춤의 지혜'입니다.

잠시 숨을 고르듯

멈추고,
눈을 감고,
그 안의 나를 바라봅니다.

"지금 이대로 괜찮다."
"서두르지 않아도 된다."
그 말 한마디가
나를 고요하게 하고,
지금 이 순간을
온전히 살게 합니다.

멈춘 자리에
비로소 들립니다.
새소리도,
바람도,
지나간 생각의 소리도.

멈춘 자리에
비로소 보입니다.
누군가의 표정,
내가 지나쳐온 삶의 풍경,
그리고 지금 여기에 있는 나.

깨어있는 삶은
빠르게 움직이는 삶이 아니라,
언제든 멈출 수 있는 삶입니다.

멈출 수 있어야
다시 제대로 나아갈 수 있습니다.

오늘의 명상 구절

"멈춘 자리에
비로소 진실이 피어난다.
달리는 삶이 아니라,
멈출 수 있는 용기가
우리를 깨어있게 한다."

명상 106
지켜보는 나, 마음의 중심에 머무는 연습

누군가 화를 낼 때
곧바로 반응하지 않고,
그 감정을 바라보는 나.

무언가 두려울 때
그 두려움에 휩쓸리지 않고,
그 두려움을 바라보는 나.

그것이 바로
'지켜보는 나'입니다.

대부분의 사람은
마음과 하나가 되어 살아갑니다.
생각이 나면 곧장 따라가고,
감정이 솟으면 곧장 행동합니다.
그렇게 마음의 파도에
휘청이고 휩쓸립니다.

하지만
수행자는 다릅니다.
마음을 따르지 않고,
마음을 바라봅니다.

마음속에 일어나는
욕망, 화, 슬픔, 들뜸, 의심…

그 모든 것들은
들었다가 사라지는 구름일 뿐.
하늘은 흔들리지 않습니다.
'지켜보는 나'는
그 하늘처럼 고요하게 머무는 자리입니다.

마음을 억누르지 마세요.
반드시 참으려 애쓰지 마세요.
다만 '지켜보는 나'로 서면
마음은 스스로 가라앉습니다.

말하지 않고도,
움직이지 않고도,
그 자리에 있어 주는 것만으로
지켜보는 나에게는

지혜와 자비가 함께 깃듭니다.

언제든 돌아가세요.
바깥의 혼란 속에서
'지켜보는 나'의 안식처로.

그곳에
진짜 평화가 있습니다.

오늘의 명상 구절

"모든 생각을 따라가지 말고, 그저 바라보라.
지켜보는 나 속에 세상이 잔잔해진다."

명상 107
거울처럼 비추는 삶, 모든 인연이 나를 가르친다

누군가 나를 미워할 때
그 감정에 휘말리지 않고,
그 미움의 거울 속에서
나의 마음을 비추어보는 나.

누군가가 나를 칭찬할 때
우쭐해지기보다,
그 말 너머의 기대를 읽어내는 나.

그것이 바로
'비추는 나'입니다.

...

사람들은 종종
세상을 탓하거나 사람을 원망합니다.
그러나 마음을 닦는 이는 압니다.
타인의 말과 행동 속에
내가 비추고 있음을.

그 말이 거칠다면,
내 안의 아픔이 반응한 것이고
그 행동이 따뜻하다면,
내 안의 연민이 공명한 것입니다.

...

거울은 말이 없습니다.
다만 있는 그대로를 비춥니다.
비추는 나도 그렇습니다.
판단 없이, 거부 없이,
인연을 따라
마음을 들여다볼 뿐입니다.

...

화를 내는 사람을 보면,
내 안의 분노를 돌아보고,
사랑을 말하는 사람을 보면,
내 안의 그리움을 들여다보세요.

그렇게
모든 만남은
스스로를 깨닫는
거룩한 스승입니다.

...

부드러운 눈으로 세상을 비추세요.
그때, 당신은 이미
세상의 괴로움에서 한발 비켜선
깨달음의 중심에 서 있습니다.

오늘의 명상 구절

"세상은 내 마음의 거울.
모든 인연은
나를 돌아보게 하는
자비로운 교훈이다."

명상 108
그냥 있는 그대로 보기, 마음에 덧칠하지 않기

누군가 실수했을 때
'왜 저럴까?' 탓하기 전에,
그 사람의 입장이 되어보는 나.

무언가 불편할 때
그 느낌을 억지로 없애려 하기보다
그 불편함 그대로
지켜보는 나.

그것이 바로
'덧칠하지 않는 나'입니다.

...

우리는 무의식적으로
모든 것에 이름을 붙입니다.
좋은 것, 싫은 것.
옳은 것, 그른 것.
내 편, 네 편…

그렇게 세상을 보는 눈엔
늘 **'덧칠'**이 따라다닙니다.
순수한 경험은 사라지고,
해석된 마음만 남습니다.

...

수행자는
그 마음의 덧칠을 지워가는 사람입니다.
있는 그대로 보기.
말 그대로 보기.
사람을 사람으로 보기.

그것은
판단하지 않는 연습이며,
조건 없이 받아들이는 자비의 태도입니다.

...

있는 그대로 볼 수 있을 때,
우리는 진실을 만납니다.
마음에 덧칠하지 않으면
고통은 줄어들고,
인연은 더 부드럽게 흐릅니다.

그리고 그 안에서
고요한 나,
지혜로운 나,
자비로운 내가 깨어납니다.

…

세상을 고치려 들기 전에
내 마음의 덧칠부터 지워보세요.
이미 거기,
있는 그대로의 삶이
완전합니다.

오늘의 명상 구절

"판단을 거두면
세상은 더 이상 문제가 아니다.
있는 그대로 보면
모든 인연이 선물이다."

명상
마음 놓기, 결국 다 놓고 가는 길

붙잡으려 했던 것들이
하나둘 떠날 때,
그 손을 탓하지 않고
떠나는 법을 배우는 나.

사랑도, 사람도,
명예도, 물건도,
결국은 다 놓고 가야 한다는
삶의 진실을 받아들이는 나.

그것이 바로
'놓는 나'입니다.

…

처음에는 쥐는 법을 배우지만,
끝에서는 놓는 법을 배워야 합니다.

무엇을 얻는지도 중요하지만,
무엇을 놓을 수 있는지가
삶의 깊이를 결정합니다.

...

놓는다고 잃는 것이 아닙니다.
놓을수록 가벼워지고,
비울수록 넓어지며,
버릴수록 평화로워집니다.

집착은 나를 가두지만,
놓음은 나를 자유롭게 합니다.

...

수행은 결국
놓는 연습입니다.
욕망을 놓고,
두려움을 놓고,
심지어
'나'라는 생각마저 놓아가는 길.

그렇게 마지막엔
마음마저 놓는 것.

그것이 해탈입니다.

...

놓을 수 있을 때
우리는 사랑할 수 있습니다.
붙잡지 않고도 함께할 수 있는 마음,
그것이 진짜 자비입니다.

...

당신의 손에 쥔 것들을
조용히 바라보세요.
그중 무엇이
이제 떠날 때가 되었나요?

잘 가라,
고맙다,
안녕 —
그 말로 인연을 맑게 마무리하세요.

오늘의 명상 구절

"놓는다는 건
잃는 것이 아니라
돌려보내는 것이다.
마음 놓는 그 자리에
참된 평화가 머문다."

명상
계절이 건네는 말들
봄, 여름, 가을, 겨울의 상징을 따라 마음의 움직임을 들여다보는 시간

사계 명상 1 - 봄, 피어나는 마음

겨울의 침묵을 지나
햇살이 따스해지면
마음 한구석에서도 새싹이 돋아납니다.

두려움으로 움츠렸던 마음이
살며시 몸을 펴고
희망이라는 꽃봉오리를 틔웁니다.

봄은 아직 불완전하지만
그 불완전함마저 아름다운 계절입니다.
시작은 언제나 서툴지만,
그 서툶 속에서만 새로운 삶이 피어납니다.

우리 안의 봄도
완벽하지 않아도 좋습니다.
움직이고 있다는 것,
피어나고 있다는 것만으로도
충분히 봄입니다.

…

새순은
아픔을 뚫고 올라와
꽃이 된다.

사계 명상 2 - 여름, 살아 있는 뜨거움

햇살이 정수리 위에 닿는 날,
삶은 가장 뜨겁고 선명한 얼굴을 드러냅니다.

여름은 감추지 않습니다.
땀과 소리, 생명의 숨결이
모든 것을 밖으로 밀어 올립니다.

마음도 마찬가지입니다.
피하고 싶었던 감정,
미뤄두었던 질문,
멈춰 섰던 관계들이
더는 숨을 곳 없이 내 앞에 서 있습니다.
그러나 여름은
그 모든 것을 품고 나아가라고 말합니다.
살아 있다는 것은
뜨겁게 느끼고,
뜨겁게 사랑하고,
때로는 뜨겁게 아파보는 것이라고.

이 계절은 우리에게

진실한 마음으로 살라고,
있는 그대로를 살아내라고
속삭입니다.

…

뜨겁게 산 날들은
기억 속에서도
빛이 된다.

사계 명상 3 — 가을, 내려놓음의 지혜

잎은 더 이상 붙잡지 않고
스스로 바람에 몸을 맡긴다.
빨갛고 노란 마음들이
하나둘씩 땅으로 돌아간다.

가을은
버리는 계절이 아니다.
정리하는 계절이다.

덜어내는 만큼 가벼워지고,
비워내는 만큼 깊어진다.

풍성함은 결국,
불필요한 것을 떠나보낸 뒤에야
비로소 드러나는 것.

우리 삶도 그렇다.
잡고 있던 것을 놓는 용기,
떠나는 것을 배웅하는 마음.
그것이 가을의 지혜다.

− 가을은 속삭인다 −

"비워야 채워지고,

놓아야 다시 손잡을 수 있다고."

...

"지금, 나에게 꼭 필요한 것만 품는다."

사계 명상 4 — 겨울, 침묵 속의 탄생

모든 것이 멈춘 듯 고요한 겨울.
나뭇가지엔 침묵이 내려앉고
들판은 하얀 숨결로 덮인다.

그러나 이 정적 속에서조차
생명은 쉬지 않는다.
뿌리는 더 깊어지고
씨앗은 조용히 내일을 준비한다.

겨울은 끝이 아니다.
속으로 더 가는 시작이다.
움츠림은 새로운 도약을 위한
잠시의 멈춤일 뿐.

우리의 마음도 겨울을 닮아
고요 속에서 자신을 들여다보는 시간,
말보다 침묵이 더 많은 것을 전해주는 계절이다.

- 겨울은 속삭인다 -

"지금은 쉬어도 괜찮아.
쉬는 것도, 살아가는 방법이야."

…

"고요할수록, 내 안의 생명은 더 또렷이 깨어난다."

명상
더 큰 나로 가는 길

작은 나를 버린다는 것은, 나를 부정함이 아닙니다.
오히려 더 큰 나를 향해 나아가는 첫걸음입니다.
버려진 나, 비워낸 나, 내려놓은 나는 사라지지 않습니다.
그 모든 작음은 더 넓어진 나의 품속으로
조용히, 부드럽게 스며들어 옵니다.

버린다는 것은 지우는 것이 아니라,
새로운 존재로 나아가기 위한 통과의례입니다.
비운다는 것은 잃는 것이 아니라,
더 깊은 채움으로 가는 문을 여는 일입니다.

해탈이란 머무름이 아닙니다.
완성된 듯 보이지만, 끊임없이 다시 시작하는 길입니다.
늘 깨어있어 현실에 안주하지 않고,
현실을 넘어서서 진실로 나아가는
'날마다 새로워지는 삶'의 자세입니다.

오늘의 나를 조용히 놓아 보냅니다.

어제의 나를 부드럽게 끌어안습니다.
그리고 내일의 나를 향해 한 걸음 더 나아갑니다.

작은 나를 버릴 때,
비로소 더 큰 나가 피어납니다.
강물이 자신을 비어
넓은 바다에 이르듯이.

명상
중도의 길, 끌어안고 살아가는 길

중도는 곧 마음을 내려놓고 비우는 길이다. 비움은 단순히 버림이 아니라, 집착에서 풀려나 본래의 자유를 회복하는 행위다.

그렇게 비워진 마음은 스스로를 중심에 두되, 그 중심은 견고한 돌덩이가 아니라 텅 빈 하늘과 같다. 하늘은 모든 구름을 품고, 모든 새와 바람을 받아들이듯, 중도의 삶은 모두를 끌어안고 함께 살아가는 길을 연다.

1. 중심을 세우는 삶

중도는 자기 삶에서 주류가 되어 주변을 이끄는 힘을 발휘하게 한다. 주류란 단지 다수나 세력의 중심이 아니라, 스스로 확고한 주체의식을 가진 사람을 뜻한다.

그는 바람에 흔들리는 갈대처럼 중심 없이 떠도는 사람이 아니다. 강물이 크든 작든, 맑든 흐리든, 주류는 그것을 차별하거나 거부하지 않고 함께 흐른다. 그 안에는 포용과 너그러움이 있다. 중심이 있는 사람은 언제나 끌어안고 함께할 준비가 되어 있다.

2. 끌어안는 덕망

중도의 사람은 이기적인 욕망을 채우기 위해 떠도는 방랑자가 아니다. 그는 욕심을 버리고 허공처럼 텅 빈 마음을 중심에 두어, 주변 사람들을 마치 구심력처럼 당기는 덕망을 지닌다.

이러한 끌어당김은 억지로 잡아두는 힘이 아니라, 함께하고 싶은 마음을 저절로 일으키는 힘이다. 그래서 중도의 사람 곁에는 늘 사람이 모이고, 신뢰가 쌓이며, 함께 성장하는 터전이 마련된다.

3. 비움에서 피어나는 힘

마음을 내려놓고 비우면 그 자리에 빈 여백이 생긴다. 여백은 단순한 공허가 아니라, 무한한 가능성을 품은 자리다. 그 자리는 마치 우주의 블랙홀처럼 강력한 에너지를 품어, 사람과 기회와 인연을 자연스럽게 끌어당긴다.

그 중심의 힘은 자신만을 위해 쓰이지 않는다. 주변을 감싸고, 환경을 조화롭게 만들고, 기회를 함께 나누는 힘이 된다.

4. 중도의 행行

이렇게 비움과 끌어안음이 하나로 만난 길이 바로 중도의 길이다.

그 길 위에 선 사람은 자기 안의 욕망과 두려움을 비우고, 세상과 대립하기보다 함께 어울린다.

그는 어떤 인연이든 귀하게 여기며, 강물의 모든 물방울이 결국 바다로 흘러가듯, 모든 존재가 서로 연결되어 있음을 안다.

...

결국 중도란, 나를 중심에 세우되 그 중심이 '텅 빔'임을 잊지 않는 삶이다.
그 빈 중심에서 나온 포용의 힘이, 세상과 나를 하나로 이어주는 가장 큰 덕행이 된다.

마무리 글

"놓는 만큼 비워지고, 비워진 만큼 넓어집니다"

「108일 명상문 읽기」는
108이라는 시간을 함께 걷는 수행 노트이자,
매일 한 편의 '마음의 등불'을 켜는 작은 의식입니다.

이 여정은 거창한 진리를 가르치지 않습니다.
다만 매일의 순간에 깨어 있는 것,
지금 이 자리에서 나를 바라보는 것,
그것이 수행임을 말하고 싶었습니다.

책을 마무리하며,
되돌아보니 이 글들은
누군가를 위해 쓴 것이라기보다
오히려 내 안에 남아 있는 옛 인연들,
풀지 못한 마음들에 대한 기도였음을 느낍니다.

삶은
쥐는 연습보다 놓는 연습이 더 중요합니다.
갖추는 것보다 비우는 것이,

이루는 것보다 잊는 것이
더 많은 자유와 평화를 줍니다.

놓고 나니 보입니다.
떠나보내고 나니 들립니다.
침묵 속에 말이 있고,
고요 속에 자비가 있습니다.

당신도
이제 놓을 수 있기를 바랍니다.
마음을.
기억을.
기대를.
그리고
'나'라는 무거운 이름을.

그때,
당신은 이미 자유로운 사람입니다.

합장합니다. _0_ 종학

108일 명상문 읽기

초판 1쇄 인쇄 2025년 9월 23일
초판 1쇄 발행 2025년 9월 30일

지은이 종학스님
사진 지현향

펴낸이 김양수
편집디자인 안은숙
교정교열 연유나

펴낸곳 도서출판 맑은샘
출판등록 제2012-000035
주소 경기도 고양시 일산서구 중앙로 1456 서현프라자 604호
전화 031) 906-5006
팩스 031) 906-5079
홈페이지 www.booksam.kr
블로그 http://blog.naver.com/okbook1234
페이스북 facebook.com/booksam.kr
이메일 okbook1234@naver.com

ISBN 979-11-5778-718-0 (03220)

* 이 책은 저작권법에 의해 보호를 받는 저작물이므로 무단전재와 무단복제를 금지하며, 이 책 내용의 전부 또는 일부를 이용하려면 반드시 저작권자와 도서출판 맑은샘의 서면동의를 받아야 합니다.
* 책값은 뒤표지에 있습니다.
* 파손된 책은 구입처에서 교환해 드립니다.
* 이 도서의 판매 수익금 일부를 한국심장재단에 기부합니다.

맑은샘, 휴앤스토리 브랜드와 함께하는 출판사입니다.